L'Iran et le détroit d'Ormuz

Comprendre le Moyen-Orient
Collection dirigée par Jean-Paul Chagnollaud

Dernières parutions

Azza HEIKAL, *Saint François d'Assise et le sultan Al-Kâmil*, 2018.

Christophe LECLERC, *Lawrence d'Arabie. Gloire et légendes*, 2018.

Aline KORBAN, *Les représentations identitaires dans les journaux télévisés au Liban*, 2017.

Dominique LE NEN, *De Gaza à Jénine. Tant que la guerre durera*, 3e édition, 2017.

Najib LYAN, *L'envers du paradis. Une certaine histoire des chrétiens du Liban*, 2017.

Amal NADER, *Les négociations illusoires. Liban, Syrie, Israël, 1991-2000*, 2017.

Boualem FARDJAOUI, *Le conflit à Gaza de 2008-2009 dans le discours médiatique. Quand la guerre devient une affaire de géopolitique mondiale*, 2017.

Wael SALEH, *La conception de l'Etat dans la pensée égyptienne contemporaine, Continuités et ruptures dans l'interprétation des liens entre religion et politique*, 2017.

Boualem KADRI et Djamal BENHACINE (dir), *La mise en tourisme des territoires dans le monde arabe*, 2016.

Glenda SANTANA DE ANDRADE, Quelle citoyenneté dans les camps de réfugiés ? *Les palestiniens au Liban*

Louis BLIN, *Le monde arabe dans les albums de Tintin*, 2de édition, 2016.

Julia ROY, *L'ONU et les réfugiés palestiniens, Le rôle de l'UNRWA*, 2016.

Jonathan HASSINE, Les *réfugiés et déplacés de Syrie, Une reconstruction nationale en question, 2016*

Léa MICHELIS

L'Iran et le détroit d'Ormuz

Stratégies et enjeux de puissance depuis les années 1970

Préface de Clément Therme

L'Harmattan

5-7, rue de l'Ecole-Polytechnique, 75005 Paris

www.editions-harmattan.fr

ISBN : 978-2-343-16805-0
EAN : 9782343168050

Remerciements

Cet ouvrage est issu d'un mémoire soutenu en juillet 2018 à Sciences Po Aix. Je souhaite remercier mon directeur de mémoire, Walter Bruyère-Ostells, pour son soutien et sa disponibilité tout au long de cette année de recherche.

Ma gratitude va à Clément Therme qui m'a encouragée dans le choix de mon sujet. Je le remercie pour son écoute, ses conseils qui m'ont permis d'avancer dans la conception de mon objet d'étude et dans ma rédaction. Grâce à lui, j'ai pu trouver une orientation et de nouvelles voies de recherche.

Je remercie chaleureusement ma mère pour son écoute sans faille, ses précieux conseils, et sa passion qu'elle m'a transmise pour la recherche, l'écriture et la connaissance.

Enfin, merci à tous les membres de ma famille, en particulier mon père, ma sœur ainsi que mes grands-parents, sans qui cet ouvrage n'aurait certainement pas été le même.

Préface

Clément Therme est chercheur pour le programme Moyen-Orient de l'International Institute for Strategic Studies (IISS) de Londres.

La Révolution de 1978-1979 a transformé la perception de l'Iran en Occident. De gendarme du Golfe sous le règne du Shah Mohammad-Reza Pahlavi (1941-1979) à une République islamique (1979-...) qui apparaît depuis lors comme une puissance déstabilisatrice ou « hégémonique » pour nombre de ses voisins arabes et Israël, la nature de la politique régionale de Téhéran n'a eu de cesse de questionner. Après la Révolution, la République islamique construit ses relations avec son environnement régional en s'appuyant sur l'idéologie islamiste tout en prenant en considération les questions de sécurité dans la définition de sa politique régionale. La politique de Téhéran dans son environnement régional valide le concept idéologique anti-impérialiste. Selon le Guide suprême, l'ayatollah Ali Khamenei, l'Iran ne fait pas partie du Moyen-Orient, qui est une invention britannique, mais de l'Asie de l'Ouest. Le combat des pays musulmans contre les grandes puissances doit s'inscrire dans l'aire régionale de « l'Asie de l'Ouest », appellation qui doit l'emporter sur le « Moyen-Orient », produit de la pensée colonialiste[1].

---

[1] Selon le discours de l'ayatollah Ali Khamenei. Disponible : http://english.khamenei.ir/news/2109/Leader-s-speech-to-members-of-Ahlul-Bayt-World-Assembly-and-Islamic (consulté le 11 août 2018).

Cet ouvrage de Léa Michelis est incontournable pour comprendre les ruptures et continuités dans la politique iranienne dans le golfe Persique avant et après la Révolution islamique. Prenant en compte le temps long de l'histoire iranienne, l'auteure parvient à décrypter avec succès la complexité et la multitude de facteurs qui fondent la politique iranienne dans son environnement régional. Basé sur des sources primaires et notamment des archives diplomatiques françaises, elle nous révèle les dessous de l'affaire Air France de 1975. Ainsi en mai 1975, le gouvernement iranien s'oppose à Air France. A cette date, Air France met en circulation des documents de vol qui comportent une carte où le golfe Persique figure avec la mention « arabo-persique » à la place de son appellation habituelle (p. 56). A cette époque, la capacité d'influence diplomatique iranienne conduit la société française à renoncer à ce changement de nom ce que la République islamique ne sera plus en mesure d'imposer. Ainsi les États-Unis adoptent l'appellation de golfe « Arabique » en 2015… ce qui démontre la politisation des appellations géographiques dans cette zone.

Plus largement, on relèvera que les stratégies d'influence de l'Iran sont destinées à l'environnement régional immédiat (Irak, Turquie, Caucase, Asie centrale, Afghanistan, Pakistan, golfe Persique) et au-delà, en Méditerranée orientale en général et au Liban en particulier. En effet, on l'a vu, cette région n'était pas une priorité dans la politique régionale de l'Iran à l'époque Pahlavi. Elle l'est devenue en raison de l'adhésion du Hezbollah libanais à la doctrine du *velâyat-e faqih* (tutelle du juriste-théologien) théorisée et concrétisée par la République islamique.

Enfin, *last but not least*, vu depuis les pays voisins, il y a souvent cette idée que l'Iran aurait des ambitions « hégémoniques » voire « impériales » sur la scène régionale. En ce sens, le cas iranien se rapproche de l'exemple russe comme le souligne Maxim Suchkov, ce sont deux « célibataires stratégiques »[2]. Cette dimension « nationaliste » ou « impériale » attribuée à l'Iran se confond, en particulier dans le monde arabe, avec la dimension révolutionnaire de la République islamique. Pourtant, si dans le discours politique à usage interne on a vu émerger la dimension islamo-nationaliste, force est de constater que dans les mondes musulmans, la République islamique s'efforce de mettre en avant la dimension religieuse de l'identité du régime plutôt que la dimension nationale de l'identité du pays. Bien sûr que dans l'imaginaire des élites politico-religieuses les deux se confondent, mais ce discours est désormais contesté à l'intérieur du pays avec les manifestations contre le régime (2009 puis 2017-2018) et à l'extérieur où les communautés soutenues par la République islamique renvoient souvent les religieux iraniens à… leur identité ethno-nationale que ce soit en Irak, dans le golfe Persique, au Pakistan ou en Afghanistan.

La question économique enfin est décisive pour comprendre la position stratégique de l'Iran. Dans le temps long de l'histoire iranienne, c'est bien la découverte du pétrole en Iran en 1908 dans les environs de Masjed Soleiman qui mène à la formation de l'Anglo-Persian Oil Company (APOC), basée à Londres et attirer les convoitises impériales. A partir de cette époque, l'enjeu énergétique va devenir l'un des éléments fondamentaux de l'équation stratégique iranienne. L'Iran dispose en effet d'un potentiel énergétique considérable. Il possède les quatrièmes réserves prouvées au monde pour le pétrole (158 milliards de barils en 2017, 10% du total mondial)[3] et les secondes pour le gaz (1,191 trillion cubic feet soit 17% du total mondial) dont environ 40% sont concentrées dans le

[2] Voir Maxim. A. Suchkov, « Syrie. Subtil jeu d'équilibre de la Russie entre Israël et l'Iran », *Orient XXI*, 4 juin 2018. Disponible : https://orientxxi.info/magazine/syrie-subtil-jeu-d-equilibre-de-la-russie-entre-israel-et-l-iran,2490 (consulté le 11 août 2018).

[3] Voir le site officiel de l'U.S. Energy Information Administration : https://www.eia.gov/beta/international/data/browser/#/?pa=0000000000000000000008&c=ruvvvvvfvtvnvv1urvvvvfvvvvvvfvvvou20evvvvvvvvvnvvuvo&ct=0&tl_id=5-A&vs=INTL.57-6-AFG-BB.A&cy=2017&vo=0&v=H

plus grand champ gazier au monde : South Pars au Sud du pays[4].

La production, qui a atteint 6 millions de barils par jour (mb/j) dans les années 1970, n'est plus que de 3,8 mb/j depuis la signature de l'Accord sur le nucléaire du 14 juillet 2015[5]. Avec l'annonce d'un retour des sanctions unilatérales pétrolières américaines contre le secteur des hydrocarbures iraniens, la production pétrolière devrait décliner ainsi que les exportations qui pourraient passer de 2,4 mb/j en 2018 à 1 mb/j en 2019. En réponse à la nouvelle politique de sanctions unilatérales de l'Administration Trump la République islamique a menacé de perturber le trafic pétrolier dans le détroit d'Hormoz (Ormuz). Il faut préciser ici qu'environ 24% des exportations mondiales de pétrole transitent par ce détroit en 2018.

Cette capacité iranienne à répondre à un blocage de ses exportations de pétrole par les États-Unis ne semble néanmoins pas pouvoir être mise en œuvre dans la longue durée et ce pour plusieurs raisons. D'abord, la supériorité militaire des États-Unis dont la Vème flotte est basée au Bahreïn. Ensuite, le fait que le détroit est utilisé par l'Iran pour faire transiter la majorité de ses exportations pétrolières (10% du total du pétrole passant par le détroit). Enfin, parce que des partenaires majeurs de l'Iran comme la Chine s'y opposeraient en raison du risque d'une flambée des cours du pétrole et aussi parce que la majorité du pétrole transitant par le détroit est à destination des marchés asiatiques.

Ainsi, dans la partie la plus étroite, le détroit d'Ormuz a 33,7 km de largeur dont seulement 3,2 km est consacré aux pétroliers. Environ 80% du pétrole passant par ce détroit est exporté vers le marché asiatique. Ce passage joue donc un rôle

---

[4] Ce champ est partagé avec le Qatar. Il se dénomme North Dome du côté qatari.

[5] http://www.ieee.es/en/Galerias/fichero/OtrasPublicaciones/Internacional/2018/EIA_Iran_9abr2018.pdf

très important dans le progrès économique des pays asiatiques comme la Chine, l'Inde, le Japon, la Corée du Sud et le Singapour. Le message de l'Iran est bien clair : soit tout le monde soit personne[6]. Cependant lors de la guerre Iran-Irak (1980-1988) et lors des précédentes sanctions pétrolières américaines en 2011-2012, en dépit des menaces rhétoriques, l'Iran n'a jamais mis à exécution la fermeture par des moyens militaires (minage et utilisation de petits bateaux)[7] du détroit.

In fine, cet ouvrage démontre qu'en dépit d'une situation stratégique favorable d'un pays carrefour, l'Iran n'est pas parvenu à réaliser le potentiel lié à cette position géographique exceptionnelle. En effet, l'hostilité institutionnalisée avec les États-Unis grève le potentiel de développement économique du pays et limite la construction de relations de bon voisinage avec les pays voisins. Enfin, la dimension révolutionnaire de la politique régionale de la République islamique est un obstacle à la construction d'alliances régionales conformes aux intérêts nationaux du pays. Le retrait américain de l'Accord de Vienne annoncée au mois de mai 2018 montre aussi les limites pour l'Iran d'un dialogue avec les États-Unis alors que les relations avec les deux autres grandes puissances régionales, l'Arabie Saoudite et Israël, ne sont pas normalisées.

---

[6] Voir le journal iranien *Hamshari*, 16 et 17 Tir 1387 (7 et 8 juillet 2018).
[7] http://www.oni.navy.mil/Portals/12/Intel%20agencies/iran/Iran%20022217SP.pdf

Sommaire

« L’espace est un doute :
il me faut sans cesse le marquer, le désigner,
il n’est jamais à moi, il ne m’est jamais donné,
il faut que j’en fasse la conquête. »

George Perec dans *Espèce d’espace*, Paris, Galilée, 1974.

Introduction

« Je déclare devant cette assemblée [...] que la modération est l'inclination ainsi que la voie choisie par le grand peuple d'Iran. La modération ne recherche ni l'isolement ni l'hégémonie. Elle n'implique ni l'indifférence ni l'intransigeance. La voie de la modération est celle de la paix, une paix juste et inclusive. [...] La modération c'est la liberté et la démocratie. [...] Nous ne menaçons jamais personne, mais nous ne tolérons pas les menaces. Notre discours est celui de la dignité et du respect. [...] Nous ne cherchons pas la modération, nous la pratiquons. »[8]

Ce discours, prononcé par le président iranien Hassan Rouhani devant l'Assemblée Générale des Nations Unies en septembre 2017, résonne fort dans le contexte actuel où les tensions au Moyen-Orient ne semblent que s'accroître, notamment entre l'Iran et Israël ou l'Iran et l'Arabie Saoudite. Dans le conflit syrien ou yéménite, la modération n'est pas le mot que l'on emploierait pour décrire l'action menée. En effet, par sa position dans ces conflits, ses relations avec la Corée du Nord, et sa place dans le monde, l'Iran apparaît encore aujourd'hui comme une puissance menaçante. Certes le contexte a évolué depuis le jour où George W. Bush qualifiait l'Iran d'État voyou[9], mais la menace est toujours présente. Comment l'Iran pourrait-il alors faire preuve de modération ? Cette idée reste à questionner et à étudier.

---

[8] Discours du président Hassan Rouhani à l'Assemblée Générale des Nations Unies, 20 septembre 2017.

[9] George W. Bush, Discours sur l'état de l'Union, 29 janvier 2002, Archives de la Maison Blanche. https://georgewbush-whitehouse.archives.gov/news/releases/2002/01/200201 29-11.html

Cette « modération » [10], si elle est importante, c'est parce qu'elle consiste, certes à se tenir éloigné de l'excès, mais aussi et surtout en un jeu diplomatique et militaire que l'Iran mène avec brio que ce soit dans la région du golfe Persique ou à une échelle internationale. Elle consiste à manœuvrer intelligemment pour mener à bien ses objectifs sans provoquer de conflit ou de crise internationaux. Il existe un espace, faisant partie du territoire iranien, qui semble être manœuvré de la sorte, avec calcul et précision (nous en ferons en tous cas l'hypothèse), le détroit d'Ormuz. Ormuz est un couloir maritime stratégique, à la fois pour l'Iran et pour le monde. Il donne à l'Iran un accès sur la mer d'Oman et l'océan Indien, accès crucial pour s'insérer dans la mondialisation. Il revêt donc un caractère important pour la puissance iranienne et ce depuis longtemps. Ici, il s'agira de nous intéresser à la politique iranienne dans le détroit d'Ormuz depuis les années 1970, période de changements capitaux et de naissance du nouveau régime iranien.

Le détroit d'Ormuz : espace géographique, nœud de tensions, couloir maritime stratégique

Un détroit est un passage maritime ou lacustre étroit entre deux terres.[11] Le détroit d'Ormuz relie le golfe d'Oman au golfe Persique. Il prend son nom de l'île iranienne Ormuz, qui se situe au sud-est de la ville portuaire iranienne de Bandar Abbas. Il fait partie des quatre points stratégiques dans le monde à travers lesquels le pétrole transite (avec le Bosphore, Malacca, Suez). Long de cent-quatre-vingts kilomètres, le détroit d'Ormuz borde les eaux territoriales iraniennes et omanaises. Dans le Golfe, l'Iran possède en effet un domaine insulaire qui comprend seize îles importantes, dont onze habitées ainsi que des îlots et rochers

[10] Discours du président Hassan Rouhani à l'Assemblée Générale des Nations Unies, *opere citato*.

[11] Roger Brunet, Robert Ferras, Hervé Théry, Les Mots de la Géographie – Dictionnaire critique, Montpellier-Paris, RECLUS – La Documentation Française, 1993.

inhabitables.[12] Du fait de son étroitesse (trente-quatre milles nautiques au point le plus réduit soit environ quarante kilomètres), et de la faible profondeur des eaux territoriales iraniennes, les bateaux doivent circuler dans un couloir entre des îles omanaises (Quoin et Ras Dobbah), puis utiliser un chenal entre trois îles iraniennes. Cela complique donc le transit.

Le détroit est la porte d'entrée du golfe Persique, mer quasi fermée et peu profonde (quatre-vingt-dix mètres au maximum et cinquante mètres en moyenne). S'il est si important aujourd'hui, c'est parce qu'il ouvre sur un espace très riche en hydrocarbures. En effet, les pays du Golfe (Arabie Saoudite, Émirats Arabes Unis, Irak, Iran, Koweït, Oman, Qatar) concentrent 47,7% des réserves mondiales de pétrole et 42,5% des réserves mondiales de gaz naturel. Ils réalisent 34,5% de la production de pétrole mondiale et 18% de celle du gaz naturel.[13] Plus de 20% du pétrole mondial circule par le détroit d'Ormuz, soit plus de dix-sept millions de barils de pétrole par jour.[14] Le détroit d'Ormuz est donc un couloir maritime stratégique pour le commerce mondial. En plus d'être crucial pour le trafic international, il s'inscrit dans une zone de tensions et de conflits, présents depuis le XXe siècle au Moyen-Orient.

Cet espace géographique peut donc être considéré comme une voie de passage importante dans le monde aujourd'hui. Cette voie s'inscrit dans l'espace stratégique de l'Iran et celui-ci l'utilise et l'a utilisé de différentes manières depuis les années 1970.

---

[12] Mohammad-Reza Djalili et Thierry Kellner, *L'Iran en 100 questions*, Tallandier, Paris, 2016, p. 26.

[13] PB Statistical Review of World Energy, Juin 2017. https://www.bp.com/content/dam/bp/en/corporate/pdf/energy-economics/statistical-review-2017/bp-statistical-review-of-world-energy-2017-full-report.pdf

[14] Bernard Hourcade, *Géopolitique de l'Iran : les défis d'une renaissance*, Malakoff, Armand Colin, 2016, p.234.

L'Iran depuis les années 1970

Pour comprendre l'importance du détroit pour l'Iran, il est nécessaire de revenir sur l'histoire du pays, depuis les années 1970.

* Les années 1970 et la fin de l'Iran impérial *

L'État-nation moderne iranien s'est construit au XXe siècle avec l'apparition des nouveaux enjeux mondiaux comme le pétrole et l'émergence de nouveaux États arabes et turc.[15] Dirigée par la dynastie des Pahlavi depuis 1921, la Perse prend le nom de l'Iran en 1935. En 1941, Mohammad-Réza Pahlavi devient shah d'Iran. Pour régner, celui-ci s'appuie sur sa personne et moins sur la nation. Réformateur, il met en place la « révolution blanche » en 1962 (réforme agraire, vote des femmes et autres réformes).[16] C'est sous son règne que l'armée nationale régulière ou *Artesh* est créée. La première moitié des années 1970 est marquée par des succès pour le shah en matière de politique étrangère et d'économie. En effet, lors de la première crise pétrolière en 1973-1974, l'Iran bénéficie de la montée des prix du pétrole. Cependant, dès 1975, des difficultés se font sentir.[17] Les revenus pétroliers décroissent, provoquant une inflation élevée et une croissance économique atone. Le règne du dernier shah d'Iran reste marqué par la répression et l'absence de libertés. L'élection de Jimmy Carter aux États-Unis en 1976 provoque un changement. Depuis le retrait britannique du sol iranien, l'Iran est très lié aux Américains. Le shah décide d'adoucir sa politique de répression, pour séduire le président démocrate. Il laisse de la place à l'opposition. Mais cela conduit à sa perte. En effet, l'année 1978 déclenche la fin du régime impérial. En janvier 1978, des manifestations ont lieu et sont réprimées. Les victimes deviennent des martyrs, thème

---

[15] Bernard Hourcade, *ibidem*, p. 31.

[16] Jean-Pierre Digard, Bernard Hourcade, Yann Richard, *L'Iran au XXe siècle, entre nationalisme, islam et mondialisation*, Paris, Fayart, 2007, p. 124.

[17] Mohammad-Réza Djalili, Thierry Kellner, *Histoire de l'Iran contemporain*, La Découverte, Paris, 2010, nouvelle édition 2017, p. 71.

très présent dans le chiisme, religion de l'Iran. Le régime ne disposant pas de brigades policières anti-émeutes, il a donc recours à l'armée. Face au shah, l'ayatollah Khomeiny œuvre discrètement à l'intérieur du pays et mobilise l'opposition. Il renvoie une image de défenseur de la démocratie et des droits de l'homme, afin d'obtenir le soutien des pays occidentaux. En novembre 1978, la contestation prend de l'ampleur et l'Iran semble être au bord de la guerre civile. Khomeiny s'installe en France, d'où il prépare l'instauration d'une république islamique et adopte un profil rassurant.[18] Le shah quitte le pays pour Assouan en Égypte. Considérant leurs options pour conserver une influence au Moyen-Orient, les États-Unis décident d'ouvrir une discussion avec l'ayatollah Khomeiny. Ce dernier promet de veiller aux intérêts américains dans la région. En février 1979, il prend le pouvoir. C'est le début de la République islamique d'Iran.

* La République Islamique d'Iran : première décennie *

Marquant un nouveau nationalisme iranien, la République islamique est un régime complexe. Il dispose en effet d'institutions à la fois démocratiques puisque le président et les parlementaires sont élus, et religieuses avec la création du poste de guide suprême.[19] Il s'agit d'un système hybride, disposant d'une légitimité théocratique et de libertés démocratiques. Il est important de noter que le guide définit les lignes directrices en matière de politique étrangère. Rien ne peut être décidé dans ce domaine sans son accord. Une constitution islamique est mise en place. Certes, elle contient des références à la démocratie, mais elles sont très encadrées par l'islam. Au début, Khomeiny fait tout pour prendre le contrepied des options de la monarchie, mais il conserve quelques politiques semblables à l'ancien régime. À titre d'exemple, il relance en 1984 le programme nucléaire du shah.[20]

---

[18] *Ibid.*, p. 74.

[19] Pour comprendre le détail des nouvelles institutions iraniennes voir Bernard Hourcade, *op. cit.*

[20] Mohammad-Reza Djalili, Thierry Kellner, *op. cit.*, p. 78.

Tous ces changements n'interviennent pas sans confrontation ni opposition. En effet, la coalition qui a porté Khomeiny au pouvoir n'est pas unie et elle ne se reconnaît pas dans le nouveau système politique.[21] Pour asseoir son pouvoir, ce nouveau régime mène pendant quelques mois une politique d'épuration.[22] Les tribunaux révolutionnaires font ainsi exécuter quatre-cent-quatre-vingt-dix-sept opposants politiques en tant que contre-révolutionnaires entre 1979 et 1981.[23] Il faut trois ans pour que le régime puisse atteindre une certaine stabilité.[24] Mais il doit très vite affronter la guerre contre l'Irak.

Le 22 septembre 1980, l'armée irakienne attaque l'Iran. C'est le début de la guerre Iran-Irak, la « guerre imposée », comme l'Iran l'appelle dans son discours officiel, qui dure jusqu'en 1988. Elle marque profondément l'Iran actuel, notamment en termes de doctrine militaire.[25] En février 1984, la guerre dans le golfe Persique s'accentue. En 1986, le Koweït demande aux États-Unis d'assurer sa protection. De fait, cela tend les relations entre les États-Unis et l'Iran. En 1986, l'Iran prend Fao, ville située sur le golfe Persique au niveau du fleuve Chatt-el-Arab. La même année, le conflit s'internationalise, car l'Irak riposte en attaquant des navires des pays neutres au conflit.[26] Si le détail du conflit n'est pas l'objet de cette étude, il est toutefois important de noter que la guerre permet au régime iranien de se consolider. En effet, il profite du conflit pour renforcer ses institutions, éliminer ses concurrents et consolider son appareil répressif.[27] Le Corps des Gardiens de la Révolution Islamique, les *Pasdaran*, créé en mai 1979, développe ses capacités militaires pendant la guerre ainsi que sa doctrine. La

---

[21] *Ibid.*, p. 79.

[22] Bernard Hourcade, *op. cit.*, p. 35.

[23] Ervand Abrahamian, *A History of modern Iran*, Cambridge, Cambridge University Press, 2008.

Ramin Parham, Michel Taubman, *Histoire secrète de la révolution iranienne*, Paris, L'Harmattan, 2006.

[24] Ervand Abrahamian, *Iran between two revolutions*, Princeton, Princeton University Press, 1982, p. 537.

[25] Bernard Hourcade, *op. cit., p. 36.*

[26] Pour le détail de la guerre Iran-Irak, voir Pierre Razoux, *La Guerre Iran-Irak, 1980-1988 : première guerre du Golfe*, Paris, Perrin, 2014, 616 p.

[27] Mohammad-Reza Djalili, Thierry Kellner, *op. cit.*, p. 89.

force paramilitaire des *Bassijis*, les volontaires, la *Vevak*, agence de renseignement, sont des structures qui sont créées à partir de 1980. À la fin de la guerre, l'Iran sort très affaibli, mais paradoxalement renforcé en termes de système politique. En août 1989, Ali Khamenei succède à Khomeiny au poste de Guide Suprême.

* Les différentes présidences, les évolutions du contexte : * 1989-2018

En juillet 1989, Ali-Akbar Hachemi Rafsanjani est élu président pour un mandat de quatre ans. Il reste au pouvoir jusqu'en 1997. Sa présidence est marquée par la volonté de se démarquer du passé et de tourner la page sur une décennie de guerre. Il ouvre la voie à la reconstruction du pays et fait preuve d'un certain pragmatisme.

Lorsque Khomeiny disparaît en 1989, la situation économique du pays est catastrophique du fait de la guerre et de la crise qui la précède. Au cours des dix premières années de la République islamique, le produit national brut (PNB) a baissé de plus de 1,5% par an.[28] Cela s'accompagne d'une inflation galopante et de la baisse de la valeur du rial, la monnaie iranienne. Lorsqu'il est élu, Rafsanjani développe un véritable projet économique pour redresser la barre, reposant en grande partie sur des privatisations. Mais cette politique est un échec, car il n'y a pas d'acquéreur. Personne ne veut investir dans les entreprises iraniennes. En conséquence, cette politique est abandonnée en 1995. En matière de politique étrangère, l'Iran affiche sa volonté de développer de meilleures relations régionales. Durant la deuxième guerre du Golfe le pays fait notamment le choix de la neutralité. Après la chute de l'Union Soviétique, il entame de nouvelles relations diplomatiques avec les pays de l'ex-URSS. La fin de la Guerre Froide permet donc à l'Iran d'avoir une nouvelle position dans le monde, territoire carrefour entre plusieurs espaces cruciaux.

En 1997, Mohammad Khatami arrive au pouvoir. Réformiste, son discours tranche et il représente le

---

[28] *Ibid.*, p. 93.

changement.[29] Grâce à lui, les relations entre l'Iran et l'Europe sont normalisées. Cependant, au cours de ses deux mandats, le président Khatami doit faire face à une opposition conservatrice très forte, qui décrédibilise peu à peu sa volonté démocratique de changement. Alors qu'il avait choisi de ne pas mener une politique de répression, c'est cette opposition elle-même qui organise la répression des nouveaux journaux libres. Alors que le courant réformateur domine le pouvoir exécutif, législatif et municipal, il reste impuissant face au courant conservateur, soutenu par les instances religieuses. Le Conseil des Gardiens refuse ainsi d'avaliser les lois votées par le Parlement. Khatami doit aussi œuvrer dans un contexte international particulier lors de son second mandat. En effet, les attentats de 2001 viennent bouleverser le faible équilibre que l'Iran avait avec les États-Unis. De plus, en 2003, l'affaire du nucléaire iranien reprend de l'ampleur.

En 2005, c'est le retour des conservateurs au pouvoir avec la victoire de Mahmoud Ahmadinejad aux élections présidentielles. Proche du Guide, ce dernier décide de renforcer le caractère révolutionnaire et islamique du régime. [30] Il est partisan d'un régime populiste et militant. Pour gouverner, il s'appuie sur la faction la plus conservatrice du clergé chiite et sur ses anciens camarades miliciens. En matière de politique étrangère, l'Iran donne la priorité à plusieurs questions : la situation irakienne, les rapports de l'Iran avec les États-Unis, la menace que représente Israël et le dossier du nucléaire. L'hostilité à l'égard d'Israël est une constante dans la politique étrangère iranienne. L'arrivée au pouvoir de Mahmoud Ahmadinejad catalyse les tensions autour du nucléaire. Alors que les premières sanctions contre l'Iran avaient été mises en place en 1995 par les États-Unis, c'est en 2006 que des sanctions internationales sont engagées par le Conseil de sécurité des Nations Unies.[31] Si la question du nucléaire dessert

---

[29] Jean-Pierre Digard, Bernard Hourcade, Yann Richard, *op. cit.*, p. 389.

[30] Mohammad-Reza Djalili, « L'Iran d'Ahmadinejad : évolutions internes et politique étrangère », *Politique étrangère* 2007/1 (Printemps), p. 32.

[31] Mohammad-Reza Djalili, Thierry Kellner, *Histoire contemporaine de l'Iran, op. cit.*, p. 106.

l'Iran internationalement, elle le sert toutefois à l'échelle nationale, créant une certaine cohésion autour du régime même si tous les Iraniens ne soutiennent pas le programme nucléaire de leur pays. En 2009, Ahmadinejad est réélu, mais difficilement, car de nombreux soupçons de fraude sont soulevés lors de l'élection. Son élection est en effet contestée par les trois autres candidats. Plusieurs centaines de milliers de personnes se rassemblent dans les rues de la capitale. Les manifestations sont fortement réprimées. Mahmoud Ahmadinejad reste au pouvoir.

Enfin, en 2013, Hassan Rouhani est élu président. Présenté comme modéré, il est bien accueilli par la population et les puissances étrangères. Son arrivée au pouvoir permet de relancer les négociations sur le nucléaire et d'apaiser les tensions. En juillet 2015, le « Plan d'action global commun » est adopté. L'accord entre en vigueur en 2016 et les sanctions sur l'Iran sont levées. Toutefois, les améliorations attendues de la levée des sanctions ne surviennent pas immédiatement. La politique régionale iranienne n'a pas évolué sous la direction de Rouhani. Mais l'Iran bénéficie aujourd'hui d'une nouvelle place dans la région du fait de ses interventions dans divers pays.

L'insertion régionale de la puissance iranienne depuis les années 1970

À partir de la dynastie des Pahlavi (1921-1979), l'Iran commence à avoir un rôle nouveau dans la région du golfe Persique. Ce rôle régional gagne de l'importance à partir des années 1970, période d'achèvement de l'État moderne iranien, et de changements dans la région du Golfe. L'Iran définit des grands axes de politique étrangère pour s'insérer dans la région. On parle alors d'insertion régionale de l'Iran c'est-à-dire le fait de s'intégrer, de jouer un rôle dans la région proche qu'est celle du golfe Persique, mais aussi dans la région plus lointaine comme l'Asie (Inde, Chine, Japon) et donc dans le monde.

L'Iran organise sa politique extérieure en trois cercles : un cercle national, un cercle musulman et un cercle international.[32]

Pour s'insérer, l'Iran bénéficie dans les années 1970 d'un contexte nouveau. En effet, le Royaume-Uni, qui a longtemps été la puissance dominante dans la région au cours du XXe siècle, décide de se retirer de la zone. En 1971, de nouveaux pays accèdent à l'indépendance : Bahreïn, les Émirats Arabes Unis, le Qatar ce qui permet à l'Iran de développer de nouveaux partenariats.[33] À cela s'ajoute l'aide nouvelle des États-Unis. En effet, depuis 1969, les États-Unis ont mis en place la doctrine Nixon qui se traduit par la politique des deux piliers : ils livrent des armes en Arabie Saoudite et en Iran. Cela facilite la réalisation des ambitions du shah dans la région. En 1972, le shah déclare que le périmètre de sécurité de l'Iran n'est plus circonscrit à Ormuz, mais s'étend à l'océan Indien[34]. On voit là l'ambition d'une insertion régionale extensive et non plus restreinte à la région. Parallèlement, l'Iran se transforme en « gendarme du Golfe » selon le Time Magazine de novembre 1974. Il envoie un corps expéditionnaire en Oman pour aider le sultan à vaincre une guérilla marxiste.

Dans les années 1980, les pays du Golfe s'organisent. Ils créent le Conseil de Coopération du Golfe en 1981. L'Iran développe des relations avec ce Conseil, mais n'en est pas membre, car il semble être réservé aux pays arabes, ce que l'Iran n'est pas. Le Conseil de Coopération du Golfe permet le renforcement du rôle de l'Arabie Saoudite dans la région, ce qui pose un problème à l'Iran. En effet, l'Iran et l'Arabie Saoudite qui avaient déjà une relation compliquée et tendue, deviennent les grands rivaux de la région, luttant chacun pour obtenir la place d'*hegemon* régional. Leur opposition n'est pas fondée sur leur différence religieuse ou culturelle, mais sur leur différence en termes de système politique.[35] La chute de la monarchie iranienne et la guerre Iran-Irak entrainent de fortes tensions

---

[32] Jean-Pierre Digard, Bernard Hourcade, Yann Richard, *op. cit.*, p. 410.

[33] Mohammad-Reza Djalili, Thierry Kellner, *Histoire contemporaine de l'Iran, op. cit.*, p. 69.

[34] *Ibid.*, p. 70.

[35] Bernard Hourcade, *op. cit.*, p. 232.

entre les deux pays. Ils rompent leurs relations diplomatiques entre 1987 et 1991. En 1997, ils signent un accord économique et de sécurité, rétablissant ainsi leurs relations. Mais leur rivalité ne s'estompe pas pour autant. Ils sont depuis lors dans des camps opposés dans divers conflits : Palestine, Afghanistan, Irak et encore aujourd'hui en Syrie et au Yémen. Dès son élection en 2013, Hassan Rouhani fait de la normalisation des relations avec l'Arabie Saoudite une priorité. Mais l'accord sur le nucléaire iranien aggrave les tensions entre les deux puissances du Golfe, car il permet à l'Iran de revenir sur le devant de la scène internationale. Les rapports de force semblent donc être différents aujourd'hui.

À côté de cette relation conflictuelle, l'Iran dispose de relations plus sereines avec les autres monarchies du golfe Persique. En 1971, le shah d'Iran invite les principautés du Golfe aux fêtes de Persépolis. Cela marque le début des relations entre l'Iran et ces États. Ceux-ci cherchent petit à petit à se rapprocher de l'Iran pour ne pas être étouffés par l'Arabie Saoudite.

Aujourd'hui, l'Iran est un acteur incontournable dans les conflits syrien et yéménite. En Syrie, la puissance iranienne a su prendre une place qui était libre, du fait d'un certain désengagement américain dans la région. L'Iran participe à l'action internationale contre Daech, mais ses intérêts propres priment toujours : lutter contre Israël et l'Arabie Saoudite, approfondir sa relation avec la Russie et assurer son influence sur la région.[36] Parallèlement, le pays soutient le régime de Bachar al-Assad. Pour ce faire, l'Iran arme des milices chiites, chargées de combattre les ennemis du régime syrien.

S'agissant de l'Iran et du Yémen, ils ont toujours eu de bonnes, bien que faibles, relations. À partir de 2008, l'Iran a établi des relations de bon voisinage avec le Yémen pour

---

[36] Mohammad-Reza Djalili, Thierry Kellner, « L'Iran face à la crise syrienne », *Diploweb*, 7 septembre 2014, consulté le 10 avril 2018. http://www.diploweb.com/L-Iran-face-a-la-crise-syrienne.html#nb5 et Simon Tisdall, « Obama fumbles for credibility in Syria as Russia and Iran Seize initiative », *The Guardian*, 28 octobre 2015, consulté le 10 avril 2018. URL : https://www.theguardian.com/us-news/2015/oct/28/obama-syria-iraq-credibility-russia-iran

pouvoir protéger ses navires en mer Rouge.[37] Quand le conflit éclate entre le gouvernement et les rebelles Houthis en 2014, l'Iran décide de les aider pour contrer le soutien de l'Arabie Saoudite aux djihadistes en Syrie. Cela donne lieu à une guerre contre l'Iran en territoire yéménite.[38]

L'Iran a fait de cet espace de tension et de conflit un espace d'opportunités où il a une place importante. Ainsi, comme l'écrit Bernard Hourcade, le golfe Persique est « un espace transnational dont la complexité pourrait en faire un espace de coopération plus qu'une ligne de front ».[39]

Au-delà de cette région proche, l'Iran a établi des relations commerciales et diplomatiques cruciales pour son futur avec les pays d'Asie comme la Chine et l'Inde. Le fait qu'il ait accès à la porte du golfe Persique fait de lui un pays dont on ne peut se passer pour ses exportations. Ainsi, à partir des années 1970, l'Iran bénéficie d'un contexte régional nouveau. Il est donc pertinent de travailler sur l'évolution de la politique iranienne dans le détroit à partir des années 1970.

Un nouveau rôle pour l'Iran

> « *Le pouvoir militaire iranien a pour objectif de sauvegarder et protéger le golfe Persique et la Mer d'Oman et de saisir l'opportunité pour envoyer un message de paix et d'amitié à tous les États voisins.* »[40]

Du fait de l'importance des flux qui y circulent et de la présence d'hydrocarbures offshore, le détroit d'Ormuz est un espace stratégique dans le monde aujourd'hui. Il est au cœur

---

[37] Bernard Hourcade, *op. cit.*, p. 252.

[38] « Tensions entre Riyad et Téhéran sur le conflit au Yémen », *Les Échos*, 6 novembre 2017, consulté le 10 avril 2018. https://www.lesechos.fr/06/11/2017/ lesechos.fr/030830219453_tensions-entre-riyad-et-teheran-sur-le-conflit-au-yemen.htm

[39] Bernard Hourcade, *op. cit.*, p. 233.

[40] « President : Iranian armed forces totally depends on their own capabilities », *Archives présidentielles iraniennes*, 27 février 2014, consulté le 20 mars 2018. http://www.president.ir/en/75606

d'un réseau mondial, mais également au cœur d'un espace dont l'Iran se voit le protecteur, l'espace de l'ancienne Perse antique. L'Iran l'inclut dans un espace stratégique plus large : l'océan indien.

Le détroit d'Ormuz est un enjeu dans l'insertion régionale de l'Iran. Lieu de passage, nœud commercial, le détroit d'Ormuz est aussi un espace catalyseur de tensions, point névralgique du Golfe. Il offre à l'Iran une ouverture intéressante sur le monde. Ainsi, quelle politique l'Iran met-il en place dans ce détroit pour en faire un des vecteurs à la fois de sa puissance et de son insertion régionale depuis les années 1970 ? En quoi cette politique est-elle modérée ?

Tout d'abord, il s'agira d'expliquer que le détroit d'Ormuz s'ancre au cœur des héritages et des ressources de la puissance iranienne. Ainsi, il existe une perception particulière du détroit d'Ormuz en Iran. Cette perception détermine la manière dont la puissance iranienne manipule le détroit dans son jeu régional et mondial. Il s'agira ensuite de montrer qu'Ormuz est le fer de lance de l'Iran dans le golfe Persique face aux monarchies du Golfe et aux États-Unis. Il faudra dans cette partie évaluer la menace que représente l'Iran dans le détroit. Enfin, il sera démontré qu'Ormuz, en plus d'être un atout de dissuasion, est aussi et de plus en plus, un outil de coopération et d'apaisement pour l'Iran.

Sources

Cette démarche de démonstration s'appuie sur l'étude de nombreuses sources primaires obtenues par les archives numériques de la Présidence iranienne, du Guide Suprême et du Ministère des Affaires Étrangères iranien. Ce sont les discours et déclarations officielles du président et de ses ministres qui permettent d'élaborer l'objet d'étude dans son entier. Elles ont été parcourues de façon exhaustive, sachant que les sources les plus anciennes mises à la disposition des lecteurs datent de 2014. À cela s'ajoute également un travail de recherche dans les Archives diplomatiques du Ministère des Affaires Étrangères de la France situées à la Courneuve. Ces dernières ont permis d'obtenir un autre regard sur la question du détroit d'Ormuz et de son utilisation par l'Iran depuis les années 1970. Les rapports, les télégrammes, les lettres échangées entre les différents ambassadeurs et ministres français apportent un éclairage intéressant sur la manière dont l'Iran conçoit Ormuz de façon géostratégique. Enfin, quelques sources américaines ont pu être collectées dans les archives numériques des États-Unis, notamment lors de la guerre Iran-Irak dans les années 1980. Les sources iraniennes et américaines étant en anglais, il a été nécessaire de les traduire. Par la suite, certains ouvrages ont été capitaux dans la réflexion menée, notamment ceux de Mohammad-Reza Djalili, Bernard Hourcade, Thierry Kellner et Yann Richard. Cette étude repose également sur de nombreux articles d'organes de presse comme *Le Monde* ou *The New York Times*. Ce travail d'enquête met en lumière la politique iranienne dans le détroit d'Ormuz depuis les années 1970.

– I –
Ormuz dans le golfe Persique, au cœur des héritages et des ressources de la puissance iranienne

Bras de mer entre l'Iran et Oman, Ormuz est la porte d'entrée du golfe Persique. L'île d'Ormuz fait partie du territoire iranien, mais ce dernier a longtemps été bien plus vaste du temps de la Perse. L'Iran est une des plus vieilles puissances du monde. Il a en effet une histoire de plus de 2 500 ans. Il est donc attendu que son passé ait laissé des traces non seulement physiques, dans le monde actuel, mais aussi et surtout des traces mémorielles et idéelles. Ce passé de la grande Perse a motivé les derniers shah d'Iran pour célébrer la grandeur de leur pays. Même si l'histoire antique de la Perse n'est pas l'objet de cet ouvrage, il est toutefois intéressant de faire l'hypothèse que cette histoire qui touche l'Iran, mais aussi le golfe Persique résonne encore aujourd'hui. En effet, en définissant son environnement stratégique au golfe Persique, l'Iran nous révèle une chose qui une fois écrite semble triviale : le golfe est persique. Ni arabique, ni arabo-persique, non, persique. C'est-à-dire que cette histoire, ce passé, influence aujourd'hui l'Iran dans la définition de sa politique régionale, et ce, par le biais du détroit d'Ormuz. Ainsi, en plus d'être un couloir maritime stratégique qui donne accès à l'Iran à d'incroyables ressources et permet à celui-ci de les déplacer, de les exporter et d'en importer d'autres, le détroit est aussi un lieu d'héritage de la puissance perse. Cet héritage contribue à faire de la politique étrangère iranienne dans le détroit d'Ormuz un objet d'étude captivant.

1
Le détroit d'Ormuz, entre anciens et nouveaux impérialismes : blessure dans l'imaginaire iranien

Les Perses font partie des peuples indo-européens venus à la fin du deuxième millénaire avant notre ère. Ils se sont installés sur le plateau iranien, situé entre le Moyen-Orient et l'Asie centrale. Ce plateau aride de 1 640 000 kilomètres carrés constitue aujourd'hui plus de deux tiers du territoire iranien. Il touche aussi le Pakistan, l'Afghanistan et l'Azerbaïdjan et s'étend jusqu'à la côte sud de l'Iran.[41] Mackinder, géographe britannique du XIXe-XXe siècle connu pour sa théorie du Heartland, voyait dans les steppes d'Asie centrale le pivot du monde, mais le plateau iranien joue aussi ce rôle à cette époque. En 552 avant notre ère, la Perse devient un royaume indépendant sous Cyrus II. C'est le début de la formation d'un des plus grands empires, l'Empire Achéménide.[42]

Jusqu'en 1979, l'Iran est un empire, avec une tradition monarchique. Son territoire évolue, passant d'une superficie immense à l'espace actuel plus restreint. La possession de cet espace et la construction de la nation iranienne sont intrinsèquement liées. C'est pourquoi des représentations de l'ancien espace perse persistent encore. Le territoire d'Ormuz en fait partie. Nous formulons ici l'hypothèse selon laquelle le détroit d'Ormuz est aujourd'hui encore l'objet de ces représentations historiques.

---

[41] Bernard Hourcade, « Iran – Géographie », *Encyclopaedia Universalis [en ligne]*, consulté le 12 avril 2018. http://www.universalis-edu.com/encyclopedie/iran-geographie/

[42] Pierre Briant, *Histoire de l'Empire Perse – De Cyrus à Alexandre*, Paris, Fayard, 1996, 1247 p.

Une conception impériale du détroit d'Ormuz : des Achéménides aux Safavides, Ormuz dans l'Empire Perse

L'Empire Achéménide

L'Empire perse Achéménide est formé par les conquêtes de Cyrus (557-530) et de Cambyse (530-522).[43] Ceux-ci le bâtissent sur les anciens territoires des royaumes du Proche-Orient. Cet empire se caractérise par une emprise territoriale immense, une grande diversité ethnoculturelle et une multiplicité de formes d'organisations locales. En 522 avant notre ère, à la mort de Cambyse, le bilan territorial des conquêtes est impressionnant. En effet, il a gagné tous les royaumes et empires qui se partageaient le Moyen-Orient et l'Asie centrale. L'empire s'étend désormais de la Cyrénaïque à l'Hindu-Kuch, du Syr-Darya au golfe Persique. Pour la première fois à l'échelle du Moyen-Orient ancien, un État à vocation unitaire s'est formé. Avec Cambyse, le nouvel État s'est forgé une puissance navale qui a accès à des espaces maritimes. Il est capable de contrôler un vaste front.

Entre 520 et 513 avant notre ère, Darius poursuit l'expansion territoriale de l'empire. Après la conquête de l'Égypte, les Perses prennent la Thrace (Bulgarie actuelle) et mettent les Grecs en situation d'échec à plusieurs reprises.[44] Darius est « roi des rois », précurseur des empereurs romains. Il est roi de plusieurs peuples, qui sont tous cités sur les *Chartes de fondation de Suse* soit vingt-trois peuples au total y compris la Perse. Sur la tombe de Darius, il est écrit :

> *« Si tu penses encore : « Combien y avait-il de peuples que détenait le roi Darius ? », regarde les images qui portent le trône. Alors tu sauras que la*

[43] Pierre Briant, *op.cit.*, 1996, p. 9.

[44] Arnaud Blin, « 3. La chute vertigineuse de l'Empire perse sassanide (début du VIIe siècle) », dans Patrice Gueniffey et Thierry Lentz, *La fin des Empires*, Éditions Perrin « Synthèses historiques », Paris, 2016, p. 74.

> *lance du guerrier perse est parvenue au loin, alors tu sauras qu'au loin de la Perse, le guerrier perse a livré bataille.* »[45]

Cet « au loin » est important, car il implique plusieurs idées. D'une part les Perses ont conquis des territoires qui leurs semblaient lointains, si lointains qu'ils ne peuvent pas être déterminés précisément. D'autre part, le fait qu'ils le concevaient ainsi montre à quel point eux-mêmes percevaient leur immensité comme un facteur de gloire.

L'assise territoriale de l'empire achéménide n'est pas remise en question pendant de nombreuses années, lui laissant ainsi le rôle d'*hegemon* sur la région. Mais en 331, l'empire est défait par Alexandre le Grand. Par la suite, la Perse devient brièvement dominée par les Grecs puis par les Parthes.[46]

L'Empire Sassanide

Au IIIe siècle de notre ère, Ardachir Ier reconstruit l'Empire perse. Il écarte les Parthes qui contrôlaient alors l'Iran, et s'empare de leur capitale. Il conquiert les territoires de l'Iran, de l'Afghanistan et de la Mésopotamie. L'Empire reconstitué prend le nom d'Empire Sassanide (nom d'un ancêtre d'Ardachir, Sassan). En conflit permanent avec Rome, cet empire se veut l'héritier de l'Empire Achéménide.

Du Ier au VIIe siècle, les frontières de l'Empire varient peu. Son emprise sur le golfe Persique et le détroit d'Ormuz est incontestée. Le VIIe siècle marque l'apogée territorial de l'Empire. Les Perses se situent de l'Égypte à la Méditerranée, se projettent sur le Yémen, contrôlent la mer Rouge et le détroit d'Ormuz.[47] Cependant, cet empire est perpétuellement en conflit avec l'Empire Byzantin et finit par perdre son territoire, pris par les conquêtes musulmanes. En effet, au milieu du VIIe

---

[45] Pierre Briant, *ibid.*, p. 191.
[46] Arnaud Blin, *op. cit.*, p. 74.
[47] *Ibid.*, p. 83.

siècle, l'Iran devient une province de l'empire islamique des Abassides.[48]

L'Empire Safavide (1501-1736)

La dynastie des Safavides règne de 1501 à 1736. Elle symbolise le retour à un grand Empire perse. Les Safavides sont les premiers à régner de manière indépendante après cinq cents ans. Issus d'un ordre sunnite soufi, ils se convertissent au chiisme duodécimain sous le règne d'Ismaïl Ier. À partir de 1510, l'Empire devient une théocratie, dirigée par le shah. Il atteint son apogée avec le shah Abbas Ier le grand (1588-1629).[49] Ce dernier parvient à reprendre le contrôle sur le territoire qui était occupé par les adversaires. Il fait d'Ispahan sa capitale en 1598. Le déclin de l'empire commence après sa mort. Sous son règne, certes il avait retrouvé un territoire proche de celui de l'empire Achéménide, mais la rive arabe du Golfe ne fait déjà plus partie de son empire. Les espaces qui étaient avant membres de l'Empire sassanide ne rejoignent pas tous l'Empire Safavide.

Ainsi, les divers empires perses ont conquis des territoires immenses, qui contenaient la rive arabe du golfe Persique. Il n'est donc pas surprenant que l'Iran ait aujourd'hui une représentation perse d'un territoire ayant été le sien. Le dernier shah d'Iran célébrait encore la grandeur de l'empire perse lors des fêtes de Persépolis en 1971. Cette grandeur est cultivée par l'État iranien culturellement, mais aussi diplomatiquement et militairement. Le détroit d'Ormuz lui appartient, car il faisait partie de son empire. De ces représentations découlent donc des actions diplomatiques, guidées par l'idée de conquête. Cette idée que conserve l'Iran de sa grandeur passée joue un rôle dans la construction du nationalisme iranien.

---

[48] Gabriel Martinez-Gros, « Une province de l'Islam », dans « De la Perse à l'Iran, de Cyrus à Ahmadinejad », *Les Collections de l'Histoire*, n°42, janvier 2009, p. 55.

[49] Jean Calmard, « Safavides ou Séfévides ou Safawides », *Encyclopaedia Universalis [en ligne]*.

Cependant, ce territoire perse connaît l'irruption des puissances extérieures dès le XVIe siècle lorsque l'île d'Ormuz passe sous souveraineté portugaise. Mais c'est surtout au XIXe siècle que les puissances impériales britanniques et russes vont marquer ce territoire. Cette pénétration étrangère laisse, on le verra, comme une blessure dans la mémoire de l'empire perse.

Les impérialismes britannique et russe : la Perse prise en étau, Ormuz confisqué (1800-1921)

La dynastie des Qadjar

Si l'époque safavide est le terreau de l'État-Nation iranien, c'est véritablement le XIXe siècle qui marque un tournant dans l'histoire de l'Iran. Pour l'historien Mohammad-Reza Djalili, c'est le début de l'histoire contemporaine du pays.[50] Le fondateur de la dynastie des Qadjar, Agha Mohammad Khan, conquiert le territoire actuel de l'Iran et le Caucase. Il rétablit le contrôle sur l'ancien territoire safavide. Petit à petit, ses successeurs consolident l'empire et leur administration territoriale.

Le début de l'irruption anglaise et russe 1800-1828

À l'époque des guerres napoléoniennes, les grandes puissances s'intéressent à la Perse. Dès 1800, le Royaume-Uni cherche à sécuriser ses possessions aux Indes. Il envoie par l'intermédiaire de son gouverneur général en Inde Lord Richard Wellsley, un délégué en Iran : Sir John Malcolm. Celui-ci conclut en 1801 un traité d'alliance avec l'Iran, souhaitant empêcher toute expédition française en Inde via l'Iran et

[50] Mohammad-Reza Djalili, Thierry Kellner, *op. cit.*, p. 5

réprimer l'Émir d'Afghanistan qui avait promis son aide aux princes indiens qui voulaient se rebeller.[51]

La Russie apparaît très vite comme un ennemi. Dès 1804, la Perse entre en guerre contre le pouvoir russe pour le contrôle de la Géorgie.[52] La Grande-Bretagne n'agit pas pour aider la Perse. Alors elle se tourne vers la France et signe le traité de Finkenstein en 1807. Par ce traité, Napoléon envisage de renforcer la Perse face à la Russie. Un pied-à-terre en Perse lui permettrait d'avoir une base d'attaque contre l'Inde britannique.[53] Cependant cette amitié est de courte durée, car la France conclut un accord d'amitié avec la Russie en 1809. Cette même année, la Grande-Bretagne signe un nouveau traité avec la Perse. Cette fois-ci, elle s'efforce d'établir la paix avec la Russie. Après huit ans de guerre, le traité du Golestan signe la défaite de la Perse qui perd la majorité des provinces caucasiennes (Karabakh, Daghestan, Shirvan, Géorgie) et le droit de navigation exclusive de la mer Caspienne. Le système des capitulations est mis en place. La Perse perd ainsi une partie de sa souveraineté juridique. En 1826, la situation devient intolérable en Perse. Le shah déclare le jihad, la guerre sainte, contre la Russie. Finalement, une fois la paix revenue en 1828 avec le traité du Turkmantchai, la Russie annexe de nouveaux territoires perses. Ce traité marque la fin de la première période des relations entre l'Iran et les puissances européennes. À chaque reprise, la Perse perd un peu de sa souveraineté.

La prépondérance de l'influence russe 1828-1857

En 1834, Mohammad Mirza devient roi. Faible, il a du mal à diriger le pays. Pendant son règne, les Russes et les Britanniques rivalisent à la cour persane. La Russie prend

---

[51] Mahmoud Khadjenouri, « L'évolution des relations extérieures de l'Iran du début du XIXe siècle à la Deuxième Guerre mondiale », dans *Politique étrangère*, n°2 - 1976 – 41ème année, p. 128.

[52] Mohammad-Reza Djalili, Thierry Kellner, *op. cit.*, p. 10.

[53] Pour le détail de Napoléon en Perse, voir Iradj Amini, *Napoléon et la Perse : les relations franco-persanes sous le Premier Empire dans le contexte des rivalités entre la France, l'Angleterre et la Russie*, Paris, Fondation Napoléon, 1995.

l'avantage.[54] Après la signature du traité de Turkmantchaï, elle pousse l'Iran à trouver de nouveaux territoires pour combler ses pertes du Caucase. Influencée par la Russie, l'Iran se tourne vers l'Afghanistan et la ville d'Hérat qui était la seconde capitale des Safavides.[55] Le shah y envoie des troupes dès 1837. Mais ce projet déplaît au Royaume-Uni, car alors la Perse menacerait l'Inde. En effet, Hérat est considérée comme le point de départ de la route qui mène à Kaboul et Kandahar, deux villes par lesquelles une puissance ennemie pourrait envahir l'Inde. Face à cette nouvelle menace perse, le Royaume-Uni envoie des navires dans le Golfe qui se saisissent de l'île de Kharg en 1838. Cette démonstration de force amène le shah à renoncer. Finalement, pour mettre un terme aux dissensions avec la Grande-Bretagne, la Perse signe un traité de coopération commerciale avec Londres en 1841. En 1855, alors que la Russie et le Royaume-Uni se font face dans la guerre de Crimée, le nouveau shah Nasser-ed-din se lance à nouveau à la poursuite de la ville d'Hérat. En un an, il s'en empare. Mais la puissance britannique lui déclare la guerre et brise sa résistance militaire. Des négociations de paix amènent au traité de 1857 qui accroît peu à peu l'influence du Royaume-Uni.

La rivalité anglo-russe en territoire perse 1857-1907

Pour le Royaume-Uni, le Golfe tend à devenir une partie intégrante de son système impérial.[56] Non seulement il lui permet de verrouiller son accès aux Indes, mais le golfe Persique devient un véritable espace de la domination britannique. Cela se traduit notamment par la mise en place de la lutte contre la traite des esclaves à partir de 1848.[57] En effet,

---

[54] Mohammad-Reza Djalili, Thierry Kellner, *op. cit.*, p. 12.

[55] Mahmoud Khadjenouri, *op. cit.*, p. 132.

[56] Guillemette Crouzet, *Genèses du Moyen-Orient : Le golfe Persique à l'âge des impérialismes (vers 1800-vers 1914)*, Époques Champ Vallon, Champ Vallon, 2015, p. 82.

[57] *Idem.*, « A Right to interfere : lutte contre la traite et création d'un espace régional de droit dans le golfe Arabo-Persique sous domination britannique (vers 1820-vers 1880) », *Histoire, économie et société*, 2014/2 (33e année),

l'épisode de la lutte contre la traite est un moment important pour l'histoire de l'impérialisme anglais dans le Golfe et dans le processus de construction d'une idée impériale dans l'empire britannique. Cette période abolitionniste est un laboratoire de la lutte contre la traite dans tout l'empire. Le Royaume-Uni impose peu à peu une norme à cet espace. En 1848, le shah interdit l'importation et l'exportation d'esclaves noirs dans ses territoires par la voie maritime. Le Royaume-Uni obtient le droit de patrouiller le Golfe, secondé par les navires perses, pour intercepter et fouiller les navires. Les Britanniques utilisent donc ce « prétexte » de la lutte contre la traite pour accroître leur domination. À cette époque, les voyageurs identifient le passage du détroit d'Ormuz comme une entrée dans un enfer terrestre. Peu à peu cet enfer semble pouvoir devenir un espace de civilisation.[58] À côté de la lutte contre la traite des esclaves, les Britanniques bénéficient progressivement d'une situation encore plus avantageuse. Ils obtiennent par exemple le droit de faire passer des câbles télégraphiques par le sud de l'Iran.[59]

Face à la montée en puissance de la Grande-Bretagne, les Russes ne restent pas inactifs. C'est la période où la Perse octroie beaucoup de concessions aux deux puissances. Le Royaume-Uni obtient la concession du tabac. La Russie et la Grande-Bretagne créent des banques de crédit. Or la société perse n'est à l'époque pas une société de crédit. Seuls les riches marchands se mettent peu à peu à utiliser ces banques pour investir. Ces banques prêtent à des conditions très avantageuses, mais les Iraniens se retrouvent vite dans une situation de dette. Ils deviennent donc les débiteurs du Royaume-Uni et de la Russie. L'État perse va lui aussi se retrouver dans une situation de soumission à l'Angleterre du fait de sa dette.[60] En outre, la Russie envoie des officiers russes pour créer un régiment de cosaques qui servent la Russie et non la Perse. C'est donc une

pp. 79-94. https://www-cairn-info.lama.univ-amu.fr/load_pdf.php?ID_ARTICLE =HES_142_0079

[58] Guillemette Crouzet, *Genèses du Moyen-Orient : le golfe Persique à l'âge des impérialismes (vers 1800-vers 1914)*, *op. cit.*, p. 46.

[59] Mahmoud Khadjenouri, *op. cit.*, p. 134.

[60] *Ibid.*, p. 134.

partie de l'armée perse qui se trouve placée à la disposition d'une puissance étrangère. En 1900, la Russie accorde un prêt en garantie duquel elle prend en gage les revenus douaniers du nord et impose un tarif douanier réduit qui favorise ses importations. Avec le développement de la navigation à vapeur, les puissances étrangères ouvrent des lignes de navires à vapeur dans le Golfe.

L'octroi de la concession pétrolière au britannique William Knox d'Arcy en 1901 marque un tournant important. La question pétrolière, nous le verrons, est ce qui va précipiter un changement de relations entre l'Iran et le Royaume-Uni (et plus tard les États-Unis). L'industrie pétrolière iranienne est la plus ancienne du golfe Persique. La première concession minière est attribuée au baron Reuter par le shah en 1872. Mais elle est annulée par le shah en 1889.[61] En 1901, la concession accordée à d'Arcy est censée durer soixante ans et s'applique aux trois quarts du territoire perse (à l'exclusion de cinq provinces du Nord pour ne pas provoquer un conflit avec la Russie). En échange, la Perse reçoit vingt mille livres et 16% des bénéfices de la compagnie, sans que le mode de calcul ne soit précisé, ce qui avantage la Grande-Bretagne. Le premier gisement pétrolier est découvert en 1908 à Masjed-e-Soleyman dans le sud-ouest des montagnes du Zagros.

Dans ce contexte de difficultés financières et de faiblesse du gouvernement central, les libéraux montrent leur volonté de changer le régime. Ce mouvement donne lieu à la révolution constitutionnelle de 1906-1907 qui donne à la Perse une constitution.[62]

Entente anglo-russe et domination anglaise de l'Iran 1907-1921

L'année 1907 marque un changement capital pour la Perse. D'abord parce qu'elle subit un changement politique avec la révolution constitutionnelle. Mais aussi parce que les deux

---

[61] Mohammad-Reza Djalili, Thierry Kellner, *op. cit.*, p. 32.
[62] *Ibid.*, p. 28.

puissances étrangères qui jusqu'alors se disputaient le territoire perse, décident de s'entendre. En effet, l'accord anglo-russe de 1907 marque la division de la Perse en trois zones d'influence. La Russie obtient le contrôle de la zone nord : les régions du nord et Téhéran. La Grande-Bretagne quant à elle hérite du sud-est, soit les régions voisines de l'Inde et donc du détroit d'Ormuz.[63] La troisième zone est une zone neutre, c'est-à-dire que les deux puissances peuvent prétendre à obtenir des avantages sur cet espace. Ainsi, comme l'écrit Mahmoud Khadjenouri, le traité « ne laisse subsister à l'Iran qu'une indépendance et souveraineté purement nominales, en ce sens que rien ne peut être décidé sans l'accord russe et anglais. »[64]

Ensuite, le pays rencontre une crise politique au terme de laquelle le fils du shah Ahmad, prend le pouvoir. Paralysé entre deux puissances, le nouveau shah décide d'engager des conseillers américains pour que les États-Unis jouent le rôle de troisième puissance et rétablissent un certain équilibre pour la Perse. Mais cette tentative est un échec, car les États-Unis ne sont à ce moment-là pas encore intéressés par le Moyen-Orient.

Lorsque la Première Guerre mondiale éclate, la Perse proclame immédiatement sa neutralité.[65] Mais elle n'a pas réellement les moyens de faire respecter ce choix. Les armées russes et britanniques sont déjà présentes sur le territoire. La guerre amène de nouveaux acteurs comme l'Allemagne et l'Empire Ottoman à entrer sur l'espace perse. Elle permet également au Royaume-Uni d'asseoir son pouvoir. En 1915, à la Conférence de Constantinople, la puissance britannique obtient le contrôle de la zone neutre contre le contrôle russe des Dardanelles.[66] Elle prend le contrôle du Khouzistan, province qui contient des gisements pétroliers importants. En 1917, la Russie est affaiblie par la révolution bolchévique. Elle se retire de la guerre et son retrait a des conséquences en Perse.

Avec le retrait russe, la période 1917-1921 marque la prépondérance anglaise sur le territoire perse. Le Royaume-Uni

---

[63] Mahmoud Khadjenouri, *op. cit.*, p. 138.
[64] *Ibid.*, p. 138
[65] Mohammad-Reza Djalili, Thierry Kellner, *ibid.*, p. 33.
[66] Mahmoud Khadjenouri, *op. cit.*, p. 140.

hérite de mandats de la Société des Nations notamment en Irak. Il devient donc voisin de l'Iran par l'Ouest. Pour sécuriser son empire et ses intérêts pétroliers, il cherche un moyen d'empêcher les autres puissances de regagner de l'influence politique ou économique. Lord Curzon est le grand architecte de cette politique. Aidé de la France, il isole diplomatiquement la Perse en l'excluant de la Conférence de la paix à Versailles. Cette nouvelle politique vise à faire de la Perse un protectorat et donc une base britannique, un point reliant l'Irak à l'Inde. En 1919, un traité d'amitié est signé entre la Grande-Bretagne et la Perse.[67] Si accepté, il placerait la gestion des finances publiques, de la politique étrangère et de l'armée sous sa domination. Mais, et c'est certainement le début du réveil perse, cette convention n'est jamais approuvée par le Parlement ni par le shah.[68] La Grande-Bretagne cherche à passer outre ce refus en mettant en application des dispositions du traité. Elle envoie une mission militaire en 1919 et une mission financière en 1920. Mais une résistance au traité s'organise. Petit à petit, la Grande-Bretagne recule, ne pouvant faire face à cette résistance. En effet, des difficultés apparaissent. La Russie bolchévique dénonce la domination britannique en utilisant le traité anglo-persan. De plus, la Grande-Bretagne est confrontée à des soulèvements en Égypte et en Irlande. Elle ne peut plus financer l'entretien de ses troupes en Perse. Finalement, en 1921, elle décide de retirer ses forces armées du territoire perse.

L'Iran occupé pendant la Seconde Guerre mondiale

Si le nationalisme iranien se réveille dans les années 1920-1930, et ce par la voie du pétrole comme nous le verrons par la suite, il n'en est pas moins que l'Iran reste un territoire dépendant des autres puissances étrangères. Cela transparaît notamment au cours de la Seconde Guerre mondiale. En effet, lorsque la guerre éclate, l'Iran déclare sa neutralité, mais celle-ci ne sera pas respectée. Les armées étrangères interviennent

---

[67] Mohammad-Reza Djalili, Thierry Kellner, op. cit., p. 37.
[68] Mahmoud Khadjenouri, *op. cit.*, p. 141.

très rapidement sur le territoire iranien. En juillet 1941, la Grande-Bretagne et l'URSS demandent à l'Iran d'expulser tous les ressortissants allemands de son territoire (470 experts au total). Puis les deux puissances décident de pénétrer sur le territoire iranien. Le 25 août 1941, l'armée soviétique attaque par le Nord et l'armée britannique par l'Ouest et à partir du Golfe.[69] Lors de l'hiver 1941-1942, les forces américaines débarquent elles aussi en Iran.[70] Pour Roosevelt, la « défense de l'Iran est vitale pour les intérêts américains. »[71] À partir de ce moment-là, les États-Unis participent à l'effort de réorganisation des institutions iraniennes avec l'objectif de lier l'Iran à leur politique. En 1942, le Royaume-Uni, l'Iran et l'URSS signent un traité dans lequel les deux puissances étrangères s'engagent à respecter l'intégrité territoriale du pays, payer les frais occasionnés par leurs troupes et se retirer au plus tard six mois après la fin de la guerre.[72] Le 9 septembre 1943, l'Iran entre officiellement en guerre contre l'Allemagne. Le pays perse est utilisé pendant la guerre pour faire transiter le matériel jusqu'à l'URSS. À la fin de la guerre, les troupes étrangères se retirent, mais leur irruption sur le sol iranien laisse le pays dans une situation de pénurie de céréales (réquisitionnées par l'URSS). Leur intervention a pour conséquence d'exacerber le sentiment nationaliste antibritannique. Elle marque la mémoire du pays, entre humiliation et blessure.

Ainsi, de la fin du XIXe siècle jusqu'au milieu du XXe, la Perse a dû subir l'invasion de deux puissances, la Russie et l'Angleterre. Celles-ci n'ont eu de cesse d'asseoir leur mainmise sur le territoire perse, pour servir leurs intérêts. Certes, elles ont permis la construction de voies de chemin de fer et d'autres améliorations apportées par la modernité. Mais cette irruption étrangère a surtout participé à créer une frustration perse par rapport à son territoire, territoire qu'elle ne contrôlait finalement plus.

---

[69] *Ibid.*, p. 146.
[70] Mohammad-Reza Djalili, Thierry Kellner, *op. cit.*, p. 53.
[71] Jean-Pierre Digard, Bernard Hourcade, Yann Richard, *op. cit.*, p. 99.
[72] *Ibid.*, p. 98.

Au fur et à mesure de ce chapitre, la Perse nous est apparue comme une nation au territoire immense, gagnée par la fièvre impériale dès l'Antiquité. Comment ne pas comprendre le réveil nationaliste alors que la Perse était avant un si grand empire ? La grandeur perse, nous le verrons, est une idée cultivée par les différents régimes, à la base du nationalisme perse puis iranien. En effet, si l'empire perse a occupé jusqu'à la rive arabe du golfe Persique, elle se trouve au XIXe siècle réduite par la domination britannique. Cette domination la prive de son assise territoriale, mais aussi de l'exercice actif de sa souveraineté. De ce passé naît une représentation particulière du territoire qui était alors perse et qui se trouve aujourd'hui restreint. On peut donc parler de véritable blessure dans l'imaginaire iranien. Cela expliquerait en partie l'importance que la puissance iranienne attache aujourd'hui à ce bras de mer. Cette blessure mémorielle pousse l'Iran à considérer les deux côtés du détroit d'Ormuz comme siens et participe du réveil du nationalisme iranien dans les années 1970.

2
Ormuz, un territoire persique, espace d'indépendance et de nationalisme

Après avoir souffert des impérialismes britannique et russe, les Iraniens développent un certain nationalisme. Il gagne en puissance dès les années 1930. En effet, les invasions étrangères ont provoqué chez les Iraniens un sentiment de frustration, une blessure mémorielle qu'ils cherchent à dépasser. Ce dépassement passe notamment par la découverte ou plutôt la redécouverte d'un nationalisme puissant qui amène, des années 1920 aux années 1990, la puissance iranienne à redevenir actrice et souveraine sur son propre territoire.

Ce réveil nationaliste prend une voie particulière et intéressante qui nous permet d'approfondir notre réflexion. En effet, le nationalisme iranien se développe avec la question du pétrole. Reza shah, puis le Docteur Mosaddeq mènent tous deux une politique d'indépendance nationale qui utilise le pétrole comme moyen de libération de l'emprise étrangère. Ormuz, l'île comme le détroit, étant au cœur de richesses pétrolières et gazières cruciales pour l'Iran, ils deviennent donc d'autant plus importants pour la puissance iranienne dès les années 1970. Voie d'entrée dans le golfe Persique, le détroit d'Ormuz est aussi la source d'un pouvoir nouveau pour l'Iran. Il devient la voie d'accès et de transit du pétrole, pétrole qui est si important, car vecteur d'indépendance. Cette caractéristique persique du détroit et du Golfe, n'est pas pour l'Iran, nous le verrons, un jeu. C'est dans un réel souci nationaliste que l'Iran clame dans les années 1970 sa souveraineté sur le Golfe par des biais diplomatiques. Entre pétrole et conflits d'éléments de langage, le détroit d'Ormuz est un des atouts de la puissance iranienne, sur lequel elle semble s'appuyer pour revendiquer sa souveraineté.

Vers l'indépendance, la voie du pétrole : la naissance d'un nationalisme iranien à travers Ormuz

Les débuts pétroliers en Perse

Selon les écrits d'Hérodote, le pétrole iranien est exploité depuis l'Antiquité. Les habitants de la Perse auraient trempé leurs flèches dans le pétrole pour en faire des armes incendiaires.[73] Les premières découvertes de gisement de pétrole remontent à l'année 1882. C'est le géologue français Jacques de Morgan qui invente le pétrole persan. Il publie en effet en 1882 une « Note sur les gisements de naphte de Kend-e-Chirin », note dans laquelle il donne des informations sur de probables ressources pétrolières dans le Kurdistan iranien.[74] Comme la France ne s'intéresse pas au pétrole à ce moment-là, Jacques de Morgan entre en relation avec le baron Reuter qui avait obtenu la concession d'exploitation de mines de charbon. Ce dernier obtient alors pour un temps (jusqu'en 1889) la concession de pétrole. En 1901, William Knox d'Arcy, homme d'affaire britannique, rachète cette concession. Les recherches de pétrole commencent alors. Il faut attendre 1908 pour que les premiers gisements suffisants pour l'exploitation soient découverts.

Le 14 avril 1909, l'Anglo-Persian Oil Company (APOC) est créée. Elle est dirigée par d'Arcy jusqu'en 1917. En 1910, l'APOC rachète le site d'Abadan pour y installer un port et une raffinerie. Le premier pipeline est ensuite créé pour desservir Abadan. Le 23 mai 1912, le premier tanker pétrolier, hollandais, enlève les premières tonnes de pétrole persan.[75] C'est le début de l'exploitation pétrolière iranienne. Au cours de la Première Guerre mondiale, les exportations explosent. On

---

[73] Victor Prévot, « Le pétrole iranien » dans *Annales de Géographie*, n°339, 1954, p. 380, consulté le 19 avril 2018. https://www.persee.fr/docAsPDF/geo_0003-4010_1954_num_63_339_15552. pdf

[74] Jean-Pierre Digard, Bernard Hourcade, Yann Richard, *op. cit.*, p. 220.

[75] *Ibid.*, p. 223.

assiste à l'expansion considérable de la production. Mais le paiement des redevances à la Perse est suspendu pendant le conflit ce qui déplaît fortement au pays. Au sortir de la guerre, les Britanniques versent un million de livres sterling de dédommagement à la Perse pour calmer ses revendications sur son propre pétrole. En 1920, de nouveaux gisements sont découverts. L'exploitation du pétrole iranien se fait donc exclusivement par les puissances étrangères, le Royaume-Uni en l'occurrence. L'Iran reçoit une toute petite partie des bénéfices. Toutefois, cette situation évolue progressivement. Le règne de Reza Shah marque le début de la quête d'indépendance iranienne via la souveraineté pétrolière.

La nouvelle politique d'indépendance de Reza Shah 1921-1933

En effet, la politique de Reza Shah est un changement en Iran dès les années 1921. Il mène une politique globale de modernisation et d'indépendance nationale. Il crée notamment la force aérienne et la marine pour assurer la sécurité du golfe Persique en 1932.[76] Mais c'est essentiellement dans le domaine pétrolier que cette politique d'indépendance nationale a des conséquences. En 1932, le shah d'Iran annule unilatéralement la concession d'Arcy quand il voit que les royalties de 1931 sont nettement moins importantes que celle de 1930. En effet, en 1930, l'APOC (l'Anglo-Persian Oil Company) a reversé 1,3 millions de livres sterling à l'Iran tandis qu'en 1931 elle ne lui reverse que 306 872 livres. En un an, la part reversée à l'Iran a perdu plus de quatre fois sa valeur.[77] De plus, la compagnie ne fait rien pour paraître travailler pour l'Iran et son personnel étranger n'a que du mépris pour la société iranienne. L'Iran demande donc une augmentation de la proportion de techniciens iraniens parmi les cadres de la compagnie. Il souhaite aussi détenir 25% des parts de l'APOC et être considéré comme propriétaire du pétrole extrait. L'affaire est

[76] Mohammad-Reza Djalili, Thierry Kellner, *op. cit.*, p. 45.
[77] Jean-Pierre Digard, Bernard Hourcade, Yann Richard, *op. cit.*, p. 224.

donc portée devant la Société des Nations par la Grande-Bretagne et un nouvel accord est passé.[78] L'APOC devient l' Anglo-Iranian Oil Company (AIOC). L'accord prend en compte les besoins de développement de l'Iran. Il donne la priorité à l'embauche de personnel iranien et à la construction de raffinerie sur le territoire intérieur de l'Iran. La superficie des territoires concédés diminue de 80% et les royalties sont désormais calculées sur le tonnage de la production et non sur les bénéfices, ce qui laisse moins de flexibilité aux Britanniques et assure un meilleur revenu à l'Iran. Au total, 2 650 kilomètres de pipelines sont installés pour transporter le pétrole.[79] En 1938, avec une capacité de 25 millions de tonnes, la raffinerie d'Abadan devient la plus grande du monde. Proche du golfe Persique, Abadan possède en 1939 une flotte de 300 tankers et fournit le huitième des exportations mondiales de pétrole.[80] Toutefois, les revenus pétroliers restent faibles dans la part du budget de l'État (seulement 12% en 1937).

La nationalisation et le consortium 1945-1953

En 1950, le rapport officiel de l'AIOC (Anglo-Iranian Oil Company) explique que la compagnie a atteint ses plus hauts objectifs : plus de quatre-vingts millions de livres sterling de chiffre d'affaires pour cette année-là. Mais depuis l'humiliation de 1941 (pénétration étrangère sur le sol iranien), le sentiment national a continué de se développer. Ainsi, lorsque le président Roosevelt déclare à la Conférence de Téhéran que chaque pays doit pouvoir disposer de ses ressources naturelles pour son propre profit, ses paroles donne de l'ampleur au nationalisme iranien. En 1946, le Parlement décide de réserver le droit de prospection aux Iraniens uniquement.

En 1951, le Dr Mosaddeq lance le début du processus de nationalisation. Avec la dévaluation de la livre sterling, les redevances que touche l'Iran diminuent. Les Iraniens se sentent

---

[78] Mohammad-Reza Djalili, Thierry Kellner, *op. cit.*, p. 47.
[79] Victor Prévot, *op. cit.*, p. 382.
[80] *Ibid.*, p. 383.

exploités par cette puissance étrangère. Mosaddeq forme le parti du Front national, qui a pour objectif principal de nationaliser l'industrie pétrolière. En mars 1951, le parti propose la nationalisation au Parlement qui l'accepte.[81] Le 1er mai 1951, le shah promulgue la loi de nationalisation. Le Royaume-Uni s'y oppose immédiatement, déposant un recours devant la Cour Internationale de Justice et le Conseil de sécurité des Nations Unies. Le Royaume-Uni met en place un embargo maritime sur les exportations iraniennes qui transitent par le Golfe.[82] La situation économique de l'Iran se dégrade très rapidement, car le pays est absolument dépendant de ses exportations. Mais la Cour donne raison à l'Iran en 1954. Les techniciens britanniques sont donc priés de quitter le pays et le pétrole iranien appartient désormais à l'Iran : c'est donc une grande victoire. Le pétrole iranien est désormais géré par la National Iranian Oil Company (NIOC) qui appartient pour moitié à l'État iranien.[83] Toutefois, l'Iran a besoin de l'aide d'autres compagnies pétrolières pour l'achat, le transport et la distribution de son pétrole dans le monde.[84] Elle passe donc un accord avec d'autres compagnies pour mettre en place un consortium en 1954. Ainsi, la recherche, la production, le raffinage et la vente du pétrole appartiennent pour 25% à ce consortium de compagnies internationales de pétrole (40% appartient à la nouvelle compagnie britannique British Petroleum et 40% aux diverses compagnies américaines).[85] C'est le début d'un certain degré d'indépendance pour l'Iran, mais il n'a pour le moment pas les moyens d'assurer sa complète indépendance. C'est aussi le début du contrôle américain sur le pétrole iranien à la place des Britanniques.

---

[81] Mohammad-Reza Djalili, Thierry Kellner, *op. cit.*, p. 57.
[82] *Ibid.*, p. 58.
[83] Jean-Pierre Digard, Bernard Hourcade, Yann Richard, *op. cit.*, p. 226.
[84] Victor Prévot, *op. cit.*, p. 385.
[85] Jean-Pierre Digard, Bernard Hourcade, Yann Richard, *op. cit.*, p. 226.

L'hégémonie du pétrole 1953-1970

Présidée par Abdollah Entezâm de 1962 à 1978, la NIOC (National Iranian Oil Company) devient rapidement une compagnie rentable et source de profit. À partir de 1957, elle est autorisée à agir de façon autonome en Iran et à l'Étranger. Progressivement, elle commercialise directement une part de sa production sans passer par le consortium. Les années 1960 sont marquées par la signature de nouveaux contrats avec des compagnies non membres du consortium comme le contrat passé avec Elf-ERAP en 1966.[86] Ce contrat est une première : la compagnie accepte de n'être qu'un prestataire de service pour la NIOC et lui laisse 91,5% des profits.

En 1960, l'Iran débute son exploitation du pétrole offshore et participe à la fondation de l'OPEP (Organisation des Pays Exportateurs de Pétrole). Il s'affirme donc comme puissance pétrolière En 1967, l'Iran est alors le premier producteur mondial de pétrole. [87] Le terminal de l'île Kharg, capital dans le détroit d'Ormuz comme nous le verrons par la suite, est achevé en 1960 et peut accueillir alors treize supertankers. Lors de la première crise pétrolière en 1973, le quadruplement des prix du baril de pétrole donne de nouveaux moyens financiers à l'Iran.[88] En vingt ans, la NIOC permet à l'Iran de devenir une véritable puissance pétrolière non seulement par sa production de pétrole brut, mais également par le développement de son réseau de distribution intérieure, de ses industries pétrochimiques et de la mise en exploitation de son gaz naturel.

Nationalisme et nouvelle indépendance 1978-1995

Au cours de la révolution islamique, l'économie pétrolière joue un rôle déterminant. En effet, les grèves des employés de la NIOC permettent de déstabiliser le régime, car l'entreprise a tellement d'importance pour l'Iran que l'État ne peut pas la

[86] *Ibid.*, p. 227.
[87] *Ibid.*, p. 228.
[88] Mohammad-Reza Djalili, Thierry Kellner, *op. cit.*, p. 70.

négliger et doit la prendre en compte. Le débat politique est très souvent orienté sur la place du pétrole dans le budget de l'État. Entre 1949 et 1952, le pétrole fournit 37,1% des investissements du premier plan de régime et en 1970 le pétrole représente 70% de ceux du quatrième plan.[89]

Poursuivant sa politique d'indépendance, la NIOC met fin à tous les contrats avec le consortium en 1979. Son objectif est d'éradiquer toute relation avec une entreprise pétrolière étrangère. Durant la guerre contre l'Irak, même si la production stagne, ce sont ses bénéfices qui permettent à l'Iran de reconstruire son arsenal militaire et de persévérer. En 1995, alors que les exportations sont au plus bas, l'Iran décide de s'ouvrir à nouveau aux entreprises étrangères. Il signe un accord avec Total pour la remise en état des puits offshore de pétrole, qui avaient été découverts et exploités auparavant par la société Elf. Alors que la raffinerie d'Adaban a été détruite pendant la guerre contre l'Irak, l'Iran se lance dans la construction de celle de Bandar Abbas en 1996. Il donne une nouvelle orientation géographique à ses activités pétrolières vers l'aval du Golfe. Ce faisant, il donne encore une fois une importance capitale au détroit d'Ormuz.

L'Iran devient entre 1933 et 2000 un réel acteur de la production pétrolière mondiale. Atout de sa puissance, la nationalisation de l'entreprise pétrolière permet à l'Iran de faire évoluer le jeu des relations internationales. Le pétrole est donc très important pour l'Iran parce qu'il est le garant de sa place dans le monde encore aujourd'hui, mais aussi parce qu'il lui a permis de retrouver sa souveraineté et son indépendance.

L'Iran se libère des pressions impériales par le pétrole. En conséquence, l'intérêt d'Ormuz est donc accru pour l'Iran, car le détroit lui permet de faire transiter non seulement son propre pétrole, mais aussi celui des autres pays du Golfe. L'Iran est certes, une des plus grandes puissances pétrolières au monde, mais il est aussi extrêmement dépendant de ses exportations pétrolières. En effet, les exportations de produits non pétroliers restent très basses. En 1923, elles représentent 79% des

[89] Jean-Pierre Digard, Bernard Hourcade, Yann Richard, *op. cit.*, p. 235.

exportations totales. Mais en 1983, elles tombent à 1,4%.[90] Avoir cet accès au détroit d'Ormuz et plus largement au golfe Persique a certainement joué dans la progression de l'indépendance de l'Iran. Ce nationalisme qui est né dans les années 1930 et a progressé dans les années 1970 se révèle aussi dans la diplomatie de l'Iran, notamment lorsque l'Iran clame petit à petit que le détroit et le golfe sont des territoires « persiques ».

Ormuz, une affaire de représentations historiques aux conséquences diplomatiques : la revendication d'un espace perse

Jusqu'à présent, le nationalisme iranien s'est exprimé par la voie du pétrole. Mais, et c'est là une partie intéressante de ce travail de recherche, une autre voie d'expression a été découverte dans les Archives Nationales du Ministère des Affaires Étrangères de la France. En effet, ce nationalisme s'est aussi révélé dans les années 1970 d'une manière absolument différente. Le nationalisme iranien est construit par les représentations que le pays a de son passé, de la Perse Antique impériale notamment. Ainsi, l'Iran clame aujourd'hui encore que le golfe est Persique. Il a en effet appartenu à la Perse comme nous avons pu le voir précédemment. Il est intéressant de noter que cette réclamation passe par la voie diplomatique.

L'affaire

En mai 1975, une dissension éclate entre le gouvernement iranien et la compagnie aérienne Air France. En effet, selon les échanges entre les divers personnels diplomatiques à cette date, Air France met en circulation des documents de vol qui comportent une carte où le golfe Persique figure avec la mention « arabo-persique » à la place de son appellation

[90] *Ibid.*, p. 236.

habituelle.[91] Cela remonte jusqu'au shah. Ce que le shah ne sait pas c'est qu'il y a eu d'autres documents récents d'aviation qui utilisent la mention « golfe Arabique ». La France est donc alertée de possibles tensions entre Air France et l'Iran et donc par extension entre la France et l'Iran.

L'affaire se poursuit en juin 1975. Elle prend le nom d'affaire « appellation du golfe Persique ». La France prie Air France de « *supprimer toute mention, fut-ce celle du mot « golfe », sur les documents de la compagnie.* »[92] La solution choisie est donc d'effacer toute trace du mot golfe. Mais l'Iran trouve cette option encore pire et déshonorante pour son pays. Ainsi l'ambassadeur français en poste à Téhéran Robert de Souza écrit :

> *« Comme il était à prévoir, mon interlocuteur m'a exprimé sa surprise et sa déception. Venant d'un pays avec lequel les relations économiques de l'Iran étaient aussi étroites, une telle mesure était à ses yeux choquante. M. Azima s'est référé à nouveau à la formule dont l'usage si ancien rend l'emploi tout à fait indiscutable. »*

Le représentant iranien, M. Azima, demande alors à Robert de Souza si des pays arabes ont fait des démarches pour que le golfe soit appelé golfe Arabique. Dans sa lettre, Robert de Souza conclut :

---

[91] « Note pour Monsieur Cabouat », 9 mai 1975, Série IN sous-série VI Dossier B. 6. 1. Direction d'Afrique du Nord et du Moyen-Orient, Archives diplomatiques de la Courneuve, Ministère des Affaires Étrangères, 1973-1982.
Télégramme n° 761/62, 21 juin 1975, Série IN sous-série VI Dossier B. 6. 1. Direction d'Afrique du Nord et du Moyen-Orient, Archives diplomatiques de la Courneuve, Ministère des Affaires Étrangères, 1973-1982.
Télégramme n° 818/821, 27 juillet 1977, Série IN sous-série VI Dossier B. 6. 1. Direction d'Afrique du Nord et du Moyen-Orient, Archives diplomatiques de la Courneuve, Ministère des Affaires Étrangères, 1973-1982.
Télégramme n°368, 29 juillet 1977, Série IN sous-série VI Dossier B. 6. 1. Direction d'Afrique du Nord et du Moyen-Orient, Archives diplomatiques de la Courneuve, Ministère des Affaires Étrangères, 1973-1982.
[92] Télégramme n° 761/62, *op. cit.*

« Il y a tout lieu de penser que si nous ne revenons pas finalement à la pratique antérieure, nous entendrons à nouveau parler de cette affaire, et sur un ton de plus en plus désagréable voire menaçant. »

Ainsi, dès le début de cette affaire, l'Iran se montre sans concession et sur la défensive. Il craint que ce ne soit une revendication des pays Arabes. Ses représentants expriment leur profond mécontentement. La rapidité avec laquelle les Iraniens réagissent témoigne de l'importance de ce sujet pour l'Iran. Le Golfe doit rester persique. Si tel n'est pas le cas, l'Iran est prêt à mettre en danger ses relations commerciales avec Air France et par extension la France, pour que cette erreur soit réparée.

ATTRIBUTIONS 9
2. GE GE GE GE
3. ANL ANL ANL ANL ANL ANL ANL
BE BE BE CE CE CE CE DJ IP

MINISTÈRE DES AFFAIRES ÉTRANGÈRES IN B.6.1

TÉLÉGRAMME À L'ARRIVÉE

DÉCHIFFREMENT

TEHERAN, LE 21 JUIN 1975
RECU LE 23 __ A 9H39

ARRIVÉE

++SERVICES++

NO 761/62

OBJET : APPELLATION DU GOLFE PERSIQUE.

J'AI FAIT PART AU DIRECTEUR GENERAL POUR LES AFFAIRES POLITIQUES DE NOTRE INTENTION DE PRIER LA DIRECTION GENERALE D'AIR-FRANCE DE SUPPRIMER TOUTE MENTION, FUT-CE CELLE DU MOT ''GOLFE'', SUR LES DOCUMENTS DE LA COMPAGNIE. LES COMPAGNIES ETRANGERES AYANT RECOURU A CETTE ''SOLUTION'' ETANT MOINS NOMBREUSES QUE CELLES QUI MAINTIENNENT L'APPELLATION TRADITIONNELLE, JE N'AI PAS CRU BON D'ENUMERER LES UNES ET LES AUTRES.

COMME IL ETAIT A PREVOIR, MON INTERLOCUTEUR M'A EXPRIME SA SURPRISE ET SA DECEPTION. VENANT D'UN PAYS AVEC LEQUEL LES RELATIONS ECONOMIQUES DE L'IRAN ETAIENT AUSSI ETROITES, UNE TELLE MESURE ETAIT A SES YEUX CHOQUANTE. M.AZIMA S'EST REFERE A NOUVEAU A LA FORMULE DONT L'USAGE SI ANCIEN REND L'EMPLOI TOUT A FAIT INDISCUTABLE.

IL M'A QUESTIONNE AUSSI SUR LES DEMARCHES DONT NOUS AURIONS ETE L'OBJET DE LA PART DE PAYS ARABES DANS LE SENS OPPOSE, PARAISSANT DOUTER DE LEUR REALITE. ETANT SANS INFORMATION SUR CE POINT, JE ME SUIS TENU SUR LA RESERVE.

M.AZIMA NE MANQUERA PAS DE RAPPORTER NOTRE CONVERSATION EN HAUT LIEU. IL Y A TOUT LIEU DE PENSER QUE SI NOUS NE REVENONS PAS FINALEMENT A LA PRATIQUE ANTERIEURE, NOUS ENTENDRONS A NOUVEAU PARLER DE CETTE AFFAIRE, ET SUR UN TON DE PLUS EN PLUS DESAGREABLE, VOIRE MENACANT./.

S O U Z A

Extrait des Archives diplomatiques de la France, affaire appellation golfe Persique[93]

[93] Télégramme n° 761/62, *op. cit.*

Pendant deux ans, Air France circule donc avec des cartes ne mentionnant pas le Golfe. En juillet 1977, le représentant à Téhéran d'Air France est convoqué au Ministère Impérial des Affaires Étrangères par le Directeur général pour la presse et l'information. Celui-ci lui témoigne de sa surprise par rapport au choix d'Air France de ne pas faire apparaître le mot golfe ou persique sur ses cartes. Le représentant français M. Sedouy écrit alors :

> *« [Le Directeur général] y voyait un « manque de courage » de la part d'Air-France et un « comportement inamical envers l'Iran ». Il a ajouté que si l'on ne corrigeait pas rapidement cette erreur, le gouvernement iranien serait conduit à demander l'arrêt de l'exploitation d'Air France en Iran. »*

L'Iran se fait donc de plus en plus menaçant. Le gouvernement est prêt à se priver de cette relation économique importante pour que le Golfe redevienne persique. Le gouvernement est déterminé. Dans la suite de la lettre, une chose intéressante est dévoilée. Il semble que cette affaire ait déjà eu lieu en 1973 et que cette fois-là l'ambassadeur français lui-même avait été convoqué et non pas le représentant d'Air France comme c'est le cas en 1977. Cette affaire a donc un certain caractère récurrent. Elle aurait dû être réglée en 1973, mais cela n'a pas été le cas. M. Sedouy poursuit :

> *« L'incident est sérieux, car le chah est d'une extrême susceptibilité à propos de la dénomination du golfe Persique. Il conviendrait donc qu'une fois pour toute la société Air France apporte une solution à ce problème qui semble d'ailleurs, d'après une rapide enquête effectuée à Téhéran auprès d'autres compagnies, tranché en général par celles-ci en suivant le simple bon sens, c'est-à-dire la reconnaissance que le golfe Persique n'a cessé d'être Persique au long des âges. »*

Cette dernière phrase nous semble ici capitale. C'est exactement ce que souhaite l'Iran, que l'on reconnaisse que le golfe Persique est persique. Il s'agit de reconnaître son histoire, son héritage. C'est l'argumentaire de l'Iran. Ce n'est pas parce qu'aujourd'hui l'Iran n'est plus sur les deux rives du Golfe, qu'il n'est plus la Perse, qu'il n'est plus un empire, que son histoire ne doit pas être reconnue dans le monde par la simple appellation de golfe Persique.

Finalement, le 29 juillet 1977, l'affaire prend fin. La compagnie Air France choisit de donner au Golfe l'appellation golfe Persique. En effet :

> *« Il a été indiqué [au Directeur général d'Air France] que le chah s'intéressait depuis longtemps à ce sujet et que la sagesse consistait pour Air France, même au prix de quelques complications, à procéder comme la plupart des autres compagnies aériennes. »*

Ainsi, le golfe Persique redevient Persique.

Les conclusions

L'affaire « appellation du golfe Persique » qui éclate en 1975 entre Air France et l'Iran témoigne de plusieurs éléments. En premier lieu, elle montre à quel point les Iraniens, et en particulier le shah, sont attachés à ce que cette zone du monde soit appelée de cette façon. Cela vient appuyer ce que nous avons tenté de démontrer : l'Iran tient absolument à son héritage de la Perse. Évidemment, il reconnaît qu'il n'est plus aussi vaste que la Perse, mais il est crucial que cet héritage soit reconnu internationalement, par la simple utilisation du vocabulaire adapté. Ainsi, l'Iran est prêt à « entrer en guerre » contre tous ceux qui ne lui reconnaissent pas cette part de l'histoire, ce « droit historique ».

Ensuite, cette affaire montre que l'Iran a conscience de son rayonnement culturel et qu'il souhaite que ce rayonnement perdure. Cela fait apparaître un aspect intéressant de l'Iran : son soft power. Certes, cette affaire est importante parce que l'Iran entend honorer son passé glorieux, mais également parce qu'il sait que cela participe de son rayonnement international. Si le Golfe est persique, il n'est pas arabique. Cela parait trivial, mais de fait cela est capital. Que le Golfe soit persique permet à l'Iran de revendiquer cet espace comme sien. Ainsi, cette caractéristique lui permet d'avoir un impact plus profond sur le monde. En effet, le pouvoir des mots ne doit pas être diminué. Il fait partie du soft power. L'utilisation du terme « persique » renvoie à l'héritage culturel de l'Iran. Par cela, il accroît son influence sur le monde.

Le détroit d'Ormuz est un lieu d'héritage. Ce couloir maritime est devenu crucial pour l'Iran lorsque celui-ci a commencé à développer sa politique d'indépendance. Cette politique d'indépendance utilise le pétrole comme un levier pour permettre à l'Iran d'exister dans le monde face aux grandes puissances étrangères que sont l'Angleterre, la Russie mais également les États-Unis. Ainsi, en donnant une importance au pétrole pour le retour de sa souveraineté pleine et entière, l'Iran accroît celle du détroit d'Ormuz pour son développement économique. Ce détroit d'Ormuz est au cœur d'un espace historiquement important pour l'Iran. Lors de l'affaire « appellation golfe Persique », l'Iran a montré à quel point l'espace du Golfe et donc du détroit sont pour lui des espaces déterminants et intrinsèquement liés à son histoire impériale et nationale. Mais le détroit est aussi important, car il permet à l'Iran de participer aux échanges mondiaux.

3
Ormuz, un couloir maritime stratégique pour l'Iran aujourd'hui

Du XVe siècle au XVIIe siècle, l'île d'Ormuz, appelée aussi Hormoz, joue un rôle considérable dans le Golfe. C'était une principauté arabo-persane donc le chef-lieu, Ormuz, assurait le débouché commercial. Ormuz était le grand emporium du golfe Persique : elle centralisait toutes les marchandises en provenance d'Inde.[94] Aujourd'hui, même si elle est supplantée par Bandar Abbas, l'île d'Ormuz a encore un rôle essentiel pour l'Iran pour plusieurs raisons. L'île offre à l'Iran un accès privilégié sur le détroit d'Ormuz qui est aujourd'hui un formidable carrefour commercial. Trois caractéristiques sont à noter. D'une part, le détroit est un espace stratégique du fait de sa géographie. Étant un espace restreint, il a autant de capacité de restriction du commerce international. De plus, il ouvre la porte sur un territoire très riche en hydrocarbures : l'espace du Golfe et le territoire iranien. Enfin, par d'autres aspects il permet à l'Iran de s'insérer dans le commerce mondial et d'y avoir une place importante.

Le détroit d'Ormuz, un espace stratégique par sa géographie : un avantage pour l'Iran

Géographie et circulation dans le détroit

Le détroit d'Ormuz est un bras de mer entre deux terres. Il dispose d'une géographie particulière qui est un atout pour l'Iran. Comme nous l'avons précisé dans l'introduction, il est long de cent-quatre-vingts kilomètres et large de seulement

[94] Jean Calmard, « Ormuz ou Hormoz », *Encyclopaedia Universalis [en ligne]*, consulté le 12 avril 2018.

quarante-cinq kilomètres à son point le plus étroit. De plus, les eaux sont très peu profondes. Pour pouvoir circuler, les tankers et autres navires doivent le faire dans un couloir entre des îles omanaises puis des îles iraniennes. Il n'y a que deux voies de circulation, une dans chaque sens, chacune de 3,2 kilomètres de large avec une zone tampon de 3,2 kilomètres qui les sépare.[95] Les rails de circulation frôlent les eaux territoriales iraniennes. La voie la plus au nord est à quelques dizaines de kilomètres de la côte iranienne.

Le terrain côtier complique lui aussi le transit. En effet, les navires doivent circuler entre les différentes îles. Le terrain est composé de plages puis de falaises des montagnes du Zagros. Le climat est désertique avec une température annuelle de 27,2°C avec souvent des tempêtes de sable et la présence d'une forte humidité qui peut créer une couverture nuageuse.[96]Ceci complique donc énormément le transit et peut faire du détroit un goulet d'étranglement du commerce international. Mais plus encore, le détroit d'Ormuz est un verrou maritime.

Le détroit d'Ormuz : un verrou maritime

Le détroit d'Ormuz présente d'autres caractéristiques qui découlent de son emplacement et de sa géographie qui contribuent à en faire un espace stratégique du monde.

Il est le seul détroit du monde qui soit la seule voie de sortie maritime du pétrole saoudien, iranien et des Émirats Arabes Unis. Groupée, leur production représente plus du quart de la production mondiale, mais aussi un huitième du brut utilisé aux États-Unis et un quart utilisé en Europe.[97]

En outre, les routes terrestres ne présentent pas d'alternative très intéressante. Les oléoducs et pipelines construits n'ont pas

---

[95] Caitlin Talmadge, « Closing time : assessing the Iranian threat to the Strait of Hormuz », dans *International Security*, Vol. 33, No. 1 (Summer 2008), consulté le 25 avril 2018, pp. 82-117.

[96] « Climat - Hormoz », Climate Data, https://fr.climate-data.org/location/29504/

[97] Alain Nonjon, « Le détroit d'Ormuz, le verrou géopolitique de toutes les peurs », *Diploweb*, 2 mars 2011. https://www.diploweb.com/Le-detroit-d-Ormuz-le-verrou.html

la capacité d'exportation de la voie maritime. Le seul pipeline construit jusqu'à aujourd'hui est celui allant de l'Ouest vers l'Arabie Saoudite vers la mer Rouge et le port de Yanbu.[98] Il peut faire transiter seulement cinq milliards de barils par jour ce qui est très insuffisant par rapport à la demande mondiale.

Le détroit d'Ormuz est donc un espace d'ouverture, mais qui reste d'une certaine manière fermé. C'est-à-dire que l'Iran a un véritable pouvoir de contrôle sur les flux qui entrent et sortent. Il peut restreindre la circulation des tankers, car il a un accès privilégié sur cet espace. L'aspect stratégique du détroit est renforcé par ses caractéristiques uniques. Cependant, ce détroit est un point stratégique, car il est la porte d'entrée d'un territoire riche en hydrocarbures, essentiels pour l'Iran.

Ormuz, porte d'entrée d'un territoire riche en hydrocarbures : l'Iran, puissance pétrolière

Le pétrole dans les échanges

Selon les derniers rapports de l'Administration américaine pour l'information énergétique (US Energy Information Administration) et de la British Petroleum (*Statistical Review for 2017*), on assiste à une hausse générale de la consommation d'énergie. Toutefois, cette hausse n'est pas très forte : seulement 1% pour l'année 2016 alors qu'elle s'élevait à 1,8% les années précédente.[99] Mais la consommation de pétrole a, elle, continué d'augmenter rapidement, surtout dans les pays hors OCDE (Organisation de coopération et de développement économiques), car ce sont eux qui enregistrent une forte hausse de leur croissance économique.[100] Plus de 80% de la hausse de consommation vient des pays d'Asie comme la Chine et l'Inde. Par exemple, la consommation de la Chine pour le transport

[98] Caitlin Talmadge, *op. cit.*

[99] PB Statistical Review of World Energy, juin 2017, *op.cit.*

[100] *International Energy Outlook 2017,* U.S. Energy Information Administration, 14 septembre 2017, consulté le 26 avril 2018. https://www.eia.gov/outlooks/ieo /pdf/0484(2017).pdf

devrait augmenter de 36% entre 2015 et 2040, d'après les prévisions tandis que celle de l'Inde de 142%.[101] De ce fait, la production pétrolière augmente pour répondre à la demande. En observant les graphiques du rapport de l'*Energy Information Administration*, on s'aperçoit que la zone dans laquelle la production augmente le plus est le Moyen-Orient. Ceci n'est pas surprenant étant donné que la majorité des pays de l'OPEP s'y trouvent et qu'ils ont les plus grosses réserves de pétrole. En effet, ils se partagent 47,7% des réserves prouvées mondiales. Dans ces échanges pétroliers, l'Iran a un grand rôle à jouer aujourd'hui.

L'Iran, puissance pétrolière aujourd'hui

Le territoire iranien est extrêmement riche en hydrocarbures. L'Iran possède en effet les quatrièmes réserves de pétrole dans le monde derrière l'Arabie Saoudite, le Venezuela et le Canada soit 9,3% des réserves mondiales en 2016.[102] L'île de Kharg située sur dans le nord-est du golfe Persique constitue le premier terminal pétrolier du pays. 80% des exportations pétrolières iraniennes passent par ce terminal.[103] La majeure partie des gisements pétroliers de l'Iran se trouve sur le flanc ouest, et bordent donc le golfe Persique. Cette caractéristique est un véritable atout pour l'Iran qui a construit ses raffineries et ses industries de pétrochimie sur le littoral afin de faire transiter le pétrole et ses produits dérivés facilement par la suite. Le littoral iranien est particulièrement important parce que les routes d'exportation des tankers, passent très près des terres iraniennes (îles) et des bases navales des Gardiens de la révolution.[104] Depuis 2002, l'Iran profite du contexte international pour développer ses relations avec l'Inde, la Chine

[101] *Ibid.*
[102] Mohammad-Reza Djalili et Thierry Kellner, *L'Iran en 100 questions*, *op. cit.*, p. 307.
[103] *Ibid.*, p. 308.
[104] Anthony H. Cordesman, « Iran, oil, and the Strait of Hormuz », *Center for Strategic and International Studies*, 26 mars 2007, consulté le 12 février 2018.

et le Japon.[105] Il diversifie ses exportations. Ainsi, 40% du commerce qui passe par le détroit concerne les échanges pétroliers. Ces flux sortant se dirigent vers l'Asie ou la mer Rouge.[106]

Pour devenir une véritable puissance énergétique, l'Iran a fait construire de grandes raffineries. Alors que celle d'Abadan jouait un rôle principal jusqu'à la fin des années 1980, il a fallu la remplacer, car elle a été complètement détruite pendant la guerre contre l'Irak. En 1996, la raffinerie de Bandar Abbas est construite. Située dans le détroit d'Ormuz, proche de l'île de Qeshm et de celle d'Ormuz, Bandar Abbas est aujourd'hui au cœur du dispositif d'exportations maritimes de l'Iran. Elle n'a pas de port naturel ce qui oblige les navires à utiliser des bateaux ravitailleurs pour transporter la marchandise jusqu'au port. Le 30 Avril 2016, le président iranien inaugure une nouvelle raffinerie de pétrole à Bandar Abbas qui permet au pays de devenir autosuffisant.[107] Cette raffinerie est capable de produire 13,5 millions de tonnes par an de pétrole.[108] Ainsi, l'Iran a un fort potentiel énergétique et de l'ambition. Pour 2010, le pays s'était fixé quatre objectifs : augmenter la capacité de production de pétrole brut de 4,2 à 5,2 millions de barils par jour, la capacité de production de gaz de 150 à 250 milliards de mètres cube par jour, la capacité de raffinage de 1,6 millions de barils par jour à 2,6 millions de barils par jour et la production pétrochimique de 18 millions de tonnes par an à 75

---

[105] Mohammad-Reza Djalili, Thierry Kellner, "Au centre pétrolier du monde : le golfe Persique", *Outre-Terre*, 2006/1 – n° 14, pp. 341-375, consulté le 25 avril 2018. https://www.cairn.info/revue-outre-terre1-2006-1-page-341.htm

[106] Anthony H. Cordesman, *op.cit.*

[107] « L'Iran autosuffisant dans la production d'essence », *RFI*, 30 avril 2017, consulté le 26 avril 2018. http://www.rfi.fr/moyen-orient/20170430-iran-autosuffisant-production-essence-rohani-inaugure-raffinerie-bandar-abbas
Voir aussi le site de la National Iranian Oil Refining and Distribution qui offre le détail des nouvelles raffineries : http://en.niordc.ir/index.aspx?siteid=77&fkeyid=&siteid=77&pageid=2047

[108] Géolocalisation des sites pétroliers « aval » dans le monde - Raffinerie de Bandar Abbas NIORDC, *Europétrole*, 2018. https://www.euro-petrole.com/raffinerie-de-bandar-abbas-niordc-l-667

millions d'ici à 2015.[109] Ces objectifs s'ancrent dans un nouveau contexte pour l'Iran.

En effet, avec la signature de l'accord sur le nucléaire, l'Iran a pu sortir de son isolement. La levée des sanctions internationales lui a permis de retrouver un niveau important d'exportations pétrolières et un rôle central sur les marchés.[110] Mais la production iranienne est contrainte par la complexité des gisements. Ils nécessitent une technologie moderne et des investissements importants. Depuis la révolution de 1979 et la mise en place des sanctions, le pays avait du mal à recevoir des investissements étrangers. Mais grâce à l'accord sur le nucléaire, le 28 novembre 2015 l'Iran s'est ouvert à ces investissements. Il propose des contrats spéciaux qui associent les compagnies à l'exportation, mais aussi à la production du pétrole iranien. L'Iran souhaite accroître ses exportations pétrolières. Pour cela, il utilise ses navires pétroliers pour stocker des quantités importantes de pétrole. Avec la levée des sanctions, l'Iran annonce en janvier 2016 qu'il va augmenter sa production de 500 000 barils par jour.[111] En 2016, l'Iran produit un peu plus de 2,8 millions de barils par jour et en exporte un peu plus d'un million. Avec l'ouverture économique, les grandes entreprises du pétrole investissent petit à petit dans le pays. En effet, en février 2016, Total annonce un nouveau partenariat avec la NIOC.[112] Toutefois, avec la sortie américaine

---

[109] Leila Benali, « L'Énergie en Iran risques et incertitudes », *Les Cahiers de l'Orient*, 2010/3 (N° 99), pp. 103-112. https://www.cairn.info/revue-les-cahiers-de-l-orient-2010-3-page-103.htm

[110] Olivier Appert, « Les relations pétrolières et gazières après l'accord sur le nucléaire iranien », Confluences Méditerranée 2016/2 (N°97), consulté le 26 avril 2018, pp. 131-141.

[111] « L'Iran augmente sa production pétrolière de 500 000 barils par jour », *Agence France Presse* relayé par *L'Express*, 18 janvier 2016, consulté le 26 avril 2018. https://lexpansion.lexpress.fr/actualites/1/actualite-economique/l-iran-augmente-sa-production-petroliere-de-500-000-barils-par-jour_1754645.html

[112] Jean-Michel Bezat, « L'Iran recommence à exporter son pétrole vers l'Europe », *Le Monde*, 15 février 2016, consulté le 26 avril 2018. http://abonnes.lemonde.fr/economie/article/2016/02/15/l-iran-recommence-a-exporter-son-petrole-vers-l-europe_4865597_3234.html

de l'accord sur le nucléaire, cette situation qui a été bénéfique pour l'Iran est déjà en train de changer aujourd'hui.

Ainsi, le fait que le détroit d'Ormuz corresponde au littoral sud-ouest de l'Iran est un grand atout pour son exportation pétrolière. Il constitue un formidable interface entre l'Iran et le monde, une zone de contact au cœur des échanges. Certes, le détroit est la porte d'entrée du golfe Persique, mais il est surtout l'accès de l'Iran aux mers et océans extérieurs et donc au commerce mondial. Comme nous l'avons vu précédemment, l'Iran est dépendant de ses exportations pétrolières. Par conséquent, il est dépendant de son accès au détroit d'Ormuz. Sans cette position stratégique, l'Iran aurait peut-être moins de poids dans les échanges pétroliers. Le détroit d'Ormuz a donc un rôle capital pour l'Iran et ses exportations pétrolières. Mais il est aussi un des plus importants couloirs maritimes de la mondialisation.

Le détroit, un couloir maritime majeur dans la mondialisation : voie d'insertion pour l'Iran ?

Les routes maritimes

Dans la mondialisation actuelle, les routes maritimes revêtent un caractère crucial. En effet, le système maritime assure plus de 90% du transport de marchandises mondial.[113] Ce type de transport présente de nombreux avantages : de grandes capacités de stockage, un faible coût relatif, et il permet de réaliser des économies d'échelle. Parmi la flotte mondiale, les tankers sont les plus nombreux, suivis des vraquiers et des porte-conteneurs.[114] Pour les États dépendants de leurs exportations comme ceux du Golfe, mais aussi la Chine par exemple, les routes maritimes sont capitales et elles doivent

[113] Laurent Carroué, Didier Collet, Claude Ruiz, *La Mondialisation – Genèse, acteurs et enjeux*, 2ème édition, Bréal, 2009, p. 97
Laurent Carroué, Aurélie Boissière, *Atlas de la mondialisation – une seule terre, des mondes*, Autrement, janvier 2018, p. 71.
[114] *Ibid*, p. 98.

rester ouvertes à la libre circulation. Jamais autant de marchandises n'ont été transportées par la voie maritime : 7,4 milliards de tonnes en 2006 contre seulement 550 millions de tonnes en 1950.[115] Il existe trois « autoroutes » maritimes. L'une d'elle est la route qui relie l'Europe à l'Asie. Elle passe par le canal de Suez, le détroit de Bab-el-Mandeb, le détroit d'Ormuz et celui de Malacca. On assiste à une polarisation portuaire avec l'apparition de grands ports, hub de la mondialisation. Les vingt premiers ports concentrent la moitié des flux mondiaux de containers en 2009.[116] Aucun des ports iraniens n'a le statut de hub, mais la densité des flux qui les traversent est à prendre en considération. En effet, Bandar Abbas est le premier port iranien et il polarise des flux très denses et diversifiés.

La densité du trafic maritime dans le détroit

L'Iran est une puissance exportatrice. Elle n'exporte pas uniquement du pétrole même s'il représente 80% de ses exportations. Le détroit d'Ormuz concentre des flux divers et très denses, qui renforcent sa valeur pour l'Iran, car il lui permet d'avoir un accès direct sur le monde extérieur et donc d'y jouer un rôle. Le détroit d'Ormuz est une des clés d'insertion de l'Iran dans sa région proche et lointaine.

En effet, comme on le voit sur les cartes du site internet *Marine Traffic*, le détroit d'Ormuz est un des points stratégiques du commerce maritime mondial. Il est intéressant de noter que si les tankers semblent être les plus nombreux, ils ne sont pas les seuls à être très présents. On constate la présence de cargos, de remorqueurs et de navires de plaisance. Le détroit est traversé par des flux importants de marchandises de toutes sortes. En effet, la part du trafic prise en charge par des cargos

---

[115] Antoine Frémont, « Les routes maritimes : nouvel enjeu des relations internationales », *Revue internationale et stratégique*, 2008/1, n°69, pp. 17-30.
[116] Laurent Carroué, Didier Collet, Claude Ruiz, *op.cit.*, p. 99.

est même plus importante que celle prise en charge par les tankers dans le port de Bandar Abbas.[117]

Le port de Bandar Abbas centralise de nombreux flux. Premier port de l'Iran, il lui donne un accès direct au détroit d'Ormuz et donc aux échanges intra et extra-Golfe. Lorsqu'on observe le détail des destinations des navires, il se trouve que Bandar Abbas est pour la majeure partie d'entre eux leur port de destination. Ainsi, le détroit d'Ormuz est la voie d'insertion de l'Iran dans le commerce mondial.

Le détroit d'Ormuz est un couloir maritime stratégique. Il est un des points de passage clé des échanges aujourd'hui dans le monde. Il est encore plus essentiel à l'Iran. Par sa géographie, la navigation en son sein est régulée. Si elle se trouvait restreinte, le détroit se transformerait en goulet d'étranglement et contribuerait à faire pression sur les échanges internationaux. Le détroit est donc un atout pour l'Iran, car il peut être un moyen de pression pour faire évoluer le commerce international ou tout autre question importante dans le sens que l'Iran souhaite. De plus, ce bras de mer est la route maritime par laquelle le pétrole iranien transite. Or, l'Iran est une puissance pétrolière capitale dans le monde aujourd'hui, mais aussi une économie rentière totalement dépendante de ses exportations et de ses revenus pétroliers. Donc le détroit est ce qui permet à l'Iran de se maintenir au niveau des autres grandes puissances pétrolières et de rester dans le grand jeu international. Il est également la voie d'insertion de l'Iran dans la région de l'océan Indien pour le commerce de toutes sortes de marchandises, pas uniquement le pétrole. La position stratégique du détroit a permis à l'Iran de développer des relations commerciales avec des grands pays d'Asie comme l'Inde ou la Chine, notamment pour son pétrole. Voie de passage, verrou des échanges, le détroit d'Ormuz est donc pour l'Iran un véritable atout commercial.

* * *

[117] Ancrage de Bandar Abbas Anch, *Marine Traffic*, consulté le 26 avril 2018 à 18 :44 (UTC +4,5). https://www.marinetraffic.com/fr/ais/details/ports/20606/Iran_port:BANDAR%20ABBAS%20ANCH

*Le détroit d'Ormuz et le golfe Persique sont des lieux de mémoire pour l'Iran. La Perse possédait en effet les deux rives du golfe Persique ce qui explique que l'Iran voie aujourd'hui le détroit comme un territoire sur lequel il peut exercer pleinement sa souveraineté. Mais le détroit n'est pas uniquement le lieu d'un passé glorieux, il marque aussi une mémoire douloureuse, comme une blessure. En effet, l'Iran a dû subir les invasions britannique et russe sur son territoire à partir du XIX*e *siècle. Pour sécuriser la route vers son empire des Indes, la Grande-Bretagne s'est intéressée au Moyen-Orient et notamment à l'Iran. Elle a réussi à s'entendre avec la Russie qui elle s'intéressait à l'espace nord de l'Iran, et peu à peu elle a commencé à avoir plus d'importance que cette dernière sur le territoire iranien. Cette invasion britannique a pris divers chemins. L'un d'eux, le plus important sans doute, est le pétrole. La Grande-Bretagne avait réussi à capter l'industrie pétrolière iranienne dès 1901. Certes, en obtenant la concession pétrolière, la Grande-Bretagne a aussi contribué à développer l'industrie pétrolière iranienne, car l'Iran n'en n'avait absolument pas les moyens à cette époque. Toutefois, la Perse s'est progressivement réveillée. Le nationalisme iranien a utilisé la voie du pétrole pour se développer et prendre de l'ampleur. Entre 1921 et 1979, l'Iran gagne petit à petit son indépendance. Ce nationalisme est renforcé par l'invasion de son territoire en 1941 par l'Angleterre et l'URSS. Cette invasion crée le sentiment d'humiliation et de frustration qui pousse l'Iran à vouloir définitivement exclure toute alliance avec les puissances étrangères. L'Iran conquiert donc son indépendance par la voie du pétrole. Cette mémoire de l'étranger dominateur marque l'Iran. Elle le pousse à revendiquer d'autant plus son propre héritage sur l'espace du golfe Persique et donc du détroit. Ainsi, cette revendication passe par la volonté d'utiliser le vocabulaire adapté. C'est pourquoi une simple affaire d'appellation golfe Persique sur une carte provoque une indignation en Iran. Le détroit d'Ormuz est donc un espace d'indépendance et de nationalisme iranien. Enfin, ce nationalisme se trouve renforcé parce que le détroit d'Ormuz est un couloir maritime stratégique pour l'Iran aujourd'hui. En effet, Ormuz est la porte d'entrée du golfe*

Persique, interface maritime qui centralise des flux capitaux. Il permet à l'Iran d'exporter sans entrave ses produits pétroliers, surtout depuis la signature de l'accord sur le nucléaire iranien et la levée des sanctions internationales. L'Iran étant une puissance dépendante de ses exportations, le détroit est d'autant plus important pour lui. Véritable levier de sa puissance commerciale, le détroit d'Ormuz est la voie d'insertion de l'Iran dans le commerce international.

L'objet de cette première partie était donc de montrer à quel point le détroit d'Ormuz est au cœur des héritages et des ressources de la puissance iranienne. Cependant, le détroit d'Ormuz est aussi crucial pour l'Iran d' un point de vue militaire et sécuritaire. Il est en effet au cœur du dispositif de veille et de surveillance de l'Iran dans le golfe Persique. Ainsi, nous pouvons émettre l'hypothèse que le détroit est le fer de lance de la puissance iranienne dans le Golfe.

– II –
Ormuz,
fer de lance de la puissance iranienne, un espace catalyseur de menaces

Le golfe Persique est une aire d'échanges, un « pont entre civilisations »[118] *européennes, asiatiques, perses, turcophones et arabes. Depuis le XXe siècle, il est devenu une zone particulièrement stratégique du fait de ses richesses énergétiques. Marqué par les ambitions impériales des puissances telles que le Royaume-Uni, la Russie ou les États-Unis, le Golfe est caractérisé par une diversité de développement économique, de religions, de régimes et de cultures. Si cette diversité est source de richesse, elle est néanmoins créatrice de tensions. Entre rivalités de pouvoir et opérations de coopération, les pays du Golfe mobilisent aujourd'hui tout leur pouvoir de coercition pour dominer la zone et contrôler une des plus importantes voies du pétrole dans le monde. Mais ils ne sont pas les seuls à être présents : les États-Unis agissent en effet comme les gardiens du libre commerce maritime. Pour ces raisons, le Golfe est marqué par la permanence des tensions et la fréquence élevée des guerres.*

Occupant une position stratégique dans le Golfe, la puissance iranienne est au cœur de ces préoccupations. Depuis la guerre Iran-Irak, on assiste à des tensions constantes dans le détroit d'Ormuz. Avec les nouveaux enjeux syriens et yéménites, ainsi que ceux du nucléaire, le détroit est aujourd'hui un espace catalyseur de menaces. L'Iran organise sa défense

---

118 Philippe Boulanger, « L'Iran et le golfe Arabo-Persique », *Outre-Terre*, 2010/2 (n° 25-26), p. 403-412. URL : https://www.cairn.info/revue-outre-terre1-2010-2-page-403.htm

militaire en faisant du détroit un verrou maritime stratégique relai de sa puissance. Depuis les années 1970, l'Iran montre la volonté de conquérir l'espace du Golfe (les îles notamment). Ces questions territoriales contribuent à faire du détroit une zone de tensions. De plus, ces tensions ne semblent pas décroître avec l'importance du rôle des États-Unis dans la sécurisation du détroit. Enfin, l'Iran a lancé, depuis les années 1970, la modernisation de son outil naval, achevant ainsi de faire du détroit, le fer de lance de sa puissance.

1
L'Iran et les questions territoriales dans le détroit d'Ormuz

Voie de transit du pétrole iranien, le détroit d'Ormuz est crucial pour l'Iran. Il voit passer 40% du commerce mondial de pétrole. L'Iran étant dépendant de ses exportations, car elles représentent 80% du budget de l'État, il est donc dépendant de cet espace stratégique. Cependant, le caractère stratégique du détroit est aussi renforcé par les questions de territorialité. Comme il concentre de forts enjeux sécuritaires et militaires, les États riverains luttent pour acquérir la souveraineté sur cet espace. L'Iran possède de nombreuses îles dans le détroit. Cette possession a fait l'objet de contraintes et de conflits. En effet, certaines se trouvent à la limite entre les eaux territoriales iraniennes et saoudiennes ou émiraties. Depuis les années 1970 et la fin de l'emprise territoriale britannique, ces questions semblent avoir gagné de l'importance. La souveraineté sur une île implique un contrôle sur le détroit et donc un rôle à jouer. Le détroit est aussi un espace de surveillance : entrer en possession d'un territoire en son sein offre un point d'appui essentiel. L'Iran s'est donc battu pour obtenir la souveraineté sur plusieurs îles, entrant en conflit avec des monarchies du Golfe. Il est donc ici surtout question de puissance et de domination. Dans cet espace qui a été autrefois le sien, l'Iran a peut-être la velléité de devenir à nouveau l'*hegemon.* Dans ce but, il fait du Golfe sa première ligne de défense.

Le golfe Persique, ligne de défense de l'Iran

Le Golfe, entre évolution des frontières et manipulation de l'espace

En créant l'espace du Golfe, les Britanniques ont de fait donné de l'importance aux questions territoriales qui ne se posaient pas avant leur passage.[119] Avant cela, la souveraineté reposait sur le contrôle et l'influence des populations. Le contrôle du territoire dépendait de la capacité du leader (dynastique ou tribal) à imposer sa personne. Ainsi, la mainmise sur un espace était fluide. Le territoire perse était un espace tribal. Il en a gardé des héritages dans la culture iranienne aujourd'hui.[120] Cette fluidité a été mise à mal par l'arrivée des pouvoirs coloniaux portugais, puis hollandais et enfin britanniques. En effet, en fixant les limites du Golfe sur une carte, ils ont voulu le figer. La quête de souveraineté a alors gagné de l'importance, renforcée par le sentiment de frustration qui se développait face à l'invasion étrangère au fur et à mesure des années. La Grande-Bretagne a contribué au développement de voies de circulation pour l'armée et le commerce dans le Golfe (création d'aérodromes, de voies d'atterrissage d'urgence). Avec la recherche de pétrole offshore, les frontières maritimes et les questions d'eaux territoriales deviennent un problème pour la première fois. Ainsi, lorsque le Royaume-Uni annonce son retrait de la zone, six États de la péninsule gagnent leur indépendance, ce qui altère une nouvelle fois la géographie et donc les questions de souveraineté dans le Golfe. Membres de la Ligue Arabe et des Nations Unies, ils sont reconnus et leurs frontières également. C'est le début des disputes territoriales. La création du Conseil de Coopération du Golfe vient renforcer l'union de ces nouveaux États avec l'Arabie

---

[119] J.E. Peterson, « Sovereignty and Boundaries in the Gulf states, settling the peripheries », dans Mehran Kamrava, *International Politics of the Persian Gulf*, Syracuse University Press, New York, 2011.

[120] Voir sur le nomadisme en Iran : Chapitre XI La modernisation des campagnes, pp. 287-312, dans Jean-Pierre Digard, Bernard Hourcade, Yann Richard, *op. cit.*

Saoudite, grand puissant de la région. De fait, cela accroît les dissensions entre la rive arabe et la rive perse.

La question des frontières est une question capitale dans le Golfe à partir des années 1960. L'Iran n'est pas le seul à réclamer la souveraineté territoriale sur certains espaces. Ces frontières ont un aspect stratégique ainsi qu'une valeur historique. Elles peuvent en effet à la fois rappeler un empire passé et offrir un accès privilégié à une zone.[121] Alors que ces questions se développent avec l'apparition de nouveaux États dans les années 1960-1970, et donc de nouveaux concurrents, les États du Golfe, dont l'Iran se retrouvent face à un nouveau dilemme de sécurité.

Dilemme de sécurité dans le golfe Persique

Dans la théorie classique, le dilemme de sécurité est une situation dans laquelle un État cherche à maximiser sa sécurité en acquérant par exemple des nouveaux dispositifs technologiques. En s'armant de la sorte, il provoque la peur des États voisins qui décident à leur tour de s'armer pour mieux se protéger de la nouvelle menace que représente l'État initiateur du mouvement. On entre alors dans une spirale de militarisation et de sécurisation. Le golfe Persique se trouve dans cette situation depuis les années 1970. Les États du Golfe sont confrontés à un choix : lancer des programmes sécurisants ou non.[122] Comme ils sont les seuls à pouvoir assurer entièrement

[121] Dans le chapitre « Sovereignty and Boundaries in the Gulf states, settling the peripheries » de l'ouvrage de Mehran Kamrava, *International Politics of the Persian Gulf*, J.E. Peterson propose une classification de la manière dont les frontières ont été tracées : *boundaries as an aspect of state formation, boundaries as assertions of historical rights, boundaries as imperial remnants, boundaries as claims to natural resources, boundaries as strategic requirements, boundaries as manifest destiny.* (pp. 30-31). La délimitation de la souveraineté sur le détroit d'Ormuz pourrait convenir à toutes ces catégories pour l'Iran.

[122] Fred H. Lawson cite Robert Jervis, chercheur en Relations Internationales à l'Université de Columbia qui a notamment travaillé sur le dilemme de sécurité ; qui parle de « *security-producing programs* » dans « Cooperation Under the Security Dilemma », *Word Politics* 30, n°4, janvier 1978.

leur propre sécurité, ils sont incités à se préparer au pire en s'armant fortement, qu'ils affichent des intentions agressives ou non. Ainsi quand l'Arabie Saoudite investit dans sa sécurité entre 2003 et 2007 en doublant son budget de défense, les autres États du Golfe ont soudain besoin de faire de même.[123] En 2007, l'Iran se met lui aussi à augmenter ses dépenses d'armement. Il envoie des bombers irakiens en Géorgie pour être rénovés. En 2008, l'Iran commande le premier sous-marin furtif produit localement (le *Ghadir*). En conséquence, les États du Golfe sont prêts à attaquer à la moindre menace ce qui ne crée pas une situation de confiance réciproque. L'année 2008 voit la montée des tensions entre l'Iran et l'Arabie Saoudite.

Dans ce contexte, le Golfe devient une ligne de front. Dans son ouvrage *Géopolitique de l'Iran*, Bernard Hourcade fait l'hypothèse suivante : la nouvelle ligne de confrontation au Moyen-Orient ne se situe pas au Proche-Orient en Israël et en Palestine, mais au contraire dans le golfe Persique car chaque rive du Golfe est marquée par la présence de nouveaux acteurs capitaux dans la politique et l'économie régionale.[124] Les conflits syriens et yéménites sont les exemples parfaits de cette nouvelle confrontation. En effet, ils centralisent des conflits par proxy c'est-à-dire que l'Arabie Saoudite et l'Iran s'affrontent non pas sur leur territoire, mais sur des territoires plus lointains comme la Syrie et le Yémen. De ce fait, l'Iran a fait de son accès au Golfe une ligne de défense (nous verrons les détails militaires de cette ligne de défense au chapitre 3). Dans le Golfe, l'Iran possède un domaine insulaire qui comprend seize îles importantes, dont onze habitées et des îlots et rochers inhabitables.[125] Parmi ces îles, six font partie de sa ligne défensive dans le détroit d'Ormuz dont les trois îles Abu Musa,

---

Fred H. Lawson, « Security dilemmas in the contemporary Persian Gulf » dans Mehran Kamrava, *op. cit.*, p. 51.

[123] Anthony Cordesman, *Conventional armed forces in the Gulf : an overview*, Center for Strategic and International Studies, 23 juin 2008, consulté le 9 mai 2018.https://csis-prod.s3.amazonaws.com/s3fs-public/legacy_files/files/media/csis/pubs/080623_gulfmilbal.pdf

[124] Bernard Hourcade, *op. cit.*, p. 233.

[125] Mohammad-Reza Djalili et Thierry Kellner, *L'Iran en 100 questions op.cit.*, p. 283.

la Grande Tomb et la Petite Tomb. Ces dernières font l'objet d'un contentieux entre l'Iran et les Émirats Arabes Unis depuis 1971. Si le Golfe est une ligne de front, c'est aussi parce qu'en plus de donner lieu à des conflits interposés entre l'Iran et l'Arabie Saoudite, il donne à voir des confrontations entre l'Iran et d'autres États comme les Émirats Arabes Unis pour le contrôle de certaines îles du détroit qui semblent être capitales.

L'Iran et les îles dans le détroit d'Ormuz : un conflit avec les Émirats Arabes Unis

De l'importance des îles dans le détroit

L'Iran possède de nombreuses îles dans le détroit comme celle de Qeschm ou Siri qui sont importantes pour leurs ressources pétrolières. Cependant, d'autres sont cruciales pour des raisons différentes. En effet, les îles de la Grande et de la Petite Tomb et d'Abu Musa étant iraniennes, elles sont capitales pour le contrôle par l'Iran du passage dans le détroit d'Ormuz. Elles sont au cœur de la rivalité géopolitique entre l'Iran et les Émirats Arabes Unis (EAU).

La Grande Tomb est située à dix-sept milles nautiques au sud-est de l'île de Qeshm, à trente du port de Bandar Lengeh et à quarante de l'Émirat de Ras al-Kaimah. Le mot « tomb » vient du dialecte de la province iranienne de Fars et signifie colline.[126] Cette île n'a pas de caractéristique particulière – il n'y a pas de gisement d'hydrocarbure et elle est inhabitée –, mais elle est sur la ligne défensive de l'Iran dans le détroit donc capitale. La Petite Tomb est située à 8 milles de la Grande. Elle permet de faire la liaison entre les six autres îles de la ligne de défense. Les deux îles Tomb se situent dans la zone tampon entre les deux voies de circulation dans le détroit. Elles donnent donc un avantage certain à l'Iran ou à tout pays qui en possèderait la souveraineté. Abu Musa, quant à elle, a des

[126] Mehdi Saboori, « Les Émirats arabes unis et les Iraniens », *Hérodote*, 2009/2, n°133, pp. 166-179. https://www.cairn.info/revue-herodote-2009-2-page-166.htm

caractéristiques différentes. Elle est située à l'extrémité de la chaîne des six îles iraniennes, à quarante-deux milles nautiques de Bandar-Lengeh et quarante de l'Émirat de Sharjah. C'est une île habitée, car elle concentre plusieurs puits d'eau douce et des gisements miniers. C'est également une île de pêcheurs. Elle recense 2 000 Iraniens et 700 Émiratis. Elle est en train de devenir un lieu touristique pour les EAU.[127]

Ces îles sont donc d'une importance stratégique pour l'Iran. Mais la souveraineté iranienne a été contestée à de multiples reprises par les EAU.

Les conflits avec les EAU

Il existe de nombreuses références à ces îles comme étant iraniennes dans des récits de voyage. Dans son ouvrage *Voyage de l'Inde à Chiraz, par le golfe Persique* le diplomate anglais James Morier écrit en 1824 :

> *« Le 20 février, nous sommes arrivés près de deux îles appelées respectivement la Grande Tomb et la Petite Tomb. Les deux îles sont des petites parcelles de terre sèches et arides. Elles ont des noms persans et se situent du côté iranien. »* [128]

Ces îles semblent donc toucher à l'héritage historique de la Perse. Toutefois, pour les EAU, le problème est inverse. En effet, nous l'avons vu, l'Iran tient à ce que le Golfe soit appelé golfe Persique. Les Émiratis quant à eux souhaitent qu'il prenne le nom de golfe Arabique. Toute mention du mot « persique » est intolérable pour Dubaï qui sanctionne toute personne ayant un objet ou une carte portant la mention golfe Persique. Le comportement des autorités émiraties semble donc être assez hostile à une quelconque influence iranienne sur leur territoire. D'où l'importance pour les EAU d'obtenir la souveraineté sur les trois îles. En plus de leur caractère stratégique, elles ont une

---

[127] *Ibid.*
[128] *Ibid.*

valeur historique. Face à cet antagonisme, les revendications des deux États ont pris une teinte nationaliste.

Jusqu'au milieu du XVIIIe siècle, l'Iran possédait les trois îles.[129] C'est ensuite la Grande-Bretagne qui s'en empare lors de la période impérialiste. La possession britannique a commencé à être contestée vers la fin du XIXe siècle ce qui pousse la puissance britannique à négocier avec la Perse. En 1929, les eaux territoriales iraniennes sont délimitées et la souveraineté de l'Iran sur les deux îles Tomb est reconnue, mais elles restent sous protectorat britannique.[130] L'île d'Abu Musa est, quant à elle, rattachée à l'Émirat de Sharjah durant la période du protectorat britannique. Lorsque les Britanniques annoncent leur retrait du Golfe en 1968, les Émirats se réveillent peu à peu. Depuis les années 1960, outre la perspective géostratégique de ces îles, des ressources pétrolières sont découvertes offshore dans leur environnement. Au début de l'année 1970, l'Iran demande au Royaume-Uni d'arrêter son exploitation pétrolière près d'Abu Musa. En 1971, un envoyé britannique se rend à Téhéran pour négocier la paix. Ces négociations aboutissent à un accord de principe entre le shah et les EAU pour le partage de l'île d'Abu Musa. Le 30 novembre 1971, à la veille du retrait britannique des îles, l'Iran envoie son armée impériale occuper Abu Musa. Les EAU, alors devenus indépendants, décident eux aussi d'occuper les îles. Des négociations s'engagent et à leur terme, les Émirats reconnaissent la souveraineté iranienne sur l'île. En échange, l'Iran s'engage à respecter les droits des citoyens émiratis habitant l'île.[131] Ce compromis met un terme aux hostilités pendant une quinzaine d'années.

En 1992, l'affaire ressurgit. La souveraineté iranienne sur Abu Musa est à nouveau contestée. En avril 1992, les autorités iraniennes empêchent un groupe de ressortissants étrangers n'ayant pas la nationalité de l'émirat de Sharjah d'entrer sur le

---

[129] J.E. Peterson, *op.cit.*, p. 35.

[130] Amin Moghadamn, « Tensions diplomatiques irano-arabes et pérennité de la présence des iraniens à Dubaï », *Confluences Méditerranée*, 2016/2, n°97, pp. 63-77. https://www.cairn.info/revue-confluences-mediterranee-2016-2-page-63.htm

[131] Mehdi Saboori, *op.cit.*

territoire d'Abu Musa. Ce sont majoritairement des ouvriers pakistanais, indiens, philippins ou égyptiens. L'accord de 1971 prévoyait l'autorisation de séjour uniquement pour les ressortissants de Sharjah. En conséquence, une délégation des EAU se rend à Téhéran pour proposer la formation d'une commission mixte pour examiner les faits, mais les autorités iraniennes rejettent la question, car pour elles elle n'est pas un problème puisqu'elle a été réglée en 1972.[132] Elles prétendent qu'elles ont remarqué la présence d'activités douteuses dans la partie arabe de l'île, ce pourquoi elles interdisent l'accès à ces ressortissants étrangers. La question prend une ampleur régionale. Les pays du Conseil de Coopération du Golfe soutiennent les EAU. Le 18 septembre 1992, le président iranien Rafsandjani annonce que les autorités iraniennes ont arrêté des étrangers en possession d'armes qui voulaient pénétrer sur l'île illégalement. Le président déclare :

> *« Notre politique dans le golfe Persique n'est pas celle du conflit ou de l'hostilité. Mais nous y défendons fermement et sérieusement l'intégrité territoriale de notre pays. »*[133]

En novembre 1992, les autorités iraniennes admettent que les étrangers sont en réalité des instituteurs des écoles arabes de l'île. Elles leur accordent donc le droit de séjour et font part dans un communiqué du manque de discernement des autorités locales.[134] Les tensions retombent. Cette détente est sans doute aussi favorisée par un contexte régional qui évolue notamment avec l'incident entre le Qatar et l'Arabie Saoudite, ou encore la défaite de George Bush grand partisan des Émirats aux présidentielles américaines.

---

[132] *Ibid.*

[133] *Echo of Iran*, 1992, p. 3-4, cité par Mehdi Saboori, *ibid.*

[134] *Ibid.*

L'Iran et les EAU : une coopération au-delà des dissensions ?

Malgré ce désaccord à propos des îles et les risques qu'il peut poser, la relation entre l'Iran et les EAU est importante. Il y a toujours une croissance des relations économiques entre les deux pays depuis les années 1970. Cela renforce leur interdépendance et permet peut-être de trouver un équilibre face aux tensions sous-jacentes.[135] Beaucoup d'Iraniens se sont installés à Dubaï, et à Abu Dhabi.[136] Plus de 500 000 Iraniens vivent et travaillent aux EAU. 80% de ceux-ci se trouvent à Dubaï. Ils représentent pour l'Iran la formidable opportunité de maintenir des échanges quel que soit le contexte géopolitique international et surtout d'assurer une influence iranienne dans les États du Golfe (influence qui n'est pas forcément religieuse, mais peut prendre la forme de fonds d'investissement par exemple comme le *First Persian Equity Fund*). On peut parler d'une certaine « *politique diasporique* » de l'Iran.[137] Avec la multiplication des sanctions internationales contre l'Iran dans les années 2000, Dubaï a permis à l'Iran de contourner ces sanctions grâce au développement d'une économie informelle constituée de produits pétroliers. En effet, beaucoup d'Iraniens travaillent à Dubaï dans des sociétés de reconditionnement de produits dérivés du pétrole iranien qui sont ensuite vendus comme émiratis. Dubaï est le premier fournisseur de l'Iran en produits à haute valeur ajoutée. Ainsi, sur le plan économique et diplomatique, la présence iranienne à Dubaï joue un rôle essentiel dans les relations des deux pays. C'est une ressource de l'Iran. En quelque sorte, nous pourrions parler d'une ligne de défense culturelle qui permet à l'Iran d'avoir une voix sur la rive arabe du golfe Persique.

---

[135] Amin Moghadamn, *ibid.*

[136] *Idem.*, « L'autre rive : les Iraniens aux Émirats arabes unis, entre visibilité et invisibilité », *Maghreb – Machrek*, 2009/3, n°201, p. 79-89. https://www.cairn.info/revue-maghreb-machrek-2009-3-page-79.htm

[137] *Ibid.*

L'Iran a fait du détroit d'Ormuz son espace de défense. Parce qu'elles sont géographiquement positionnées dans le détroit, les îles Abu Musa, Grande Tomb et Petite Tomb sont des éléments cruciaux de la ligne défensive de l'Iran. Nous verrons par ailleurs qu'elles ont servi de point d'appui pendant le conflit contre l'Irak. Cette importance est aussi renforcée par l'aspect historique de leur appartenance à l'Iran. Si l'Iran est entré en conflit avec les Émirats Arabes Unis pour ces îles – îles qui à première vue ne semblent pas utiles, car elles n'ont que peu de ressources – c'est également parce qu'elles font appel au sentiment historiciste nationaliste iranien. Selon l'Iran, elles sont persiques. On voit à quel point ces représentations historiques du golfe Persique étudiées dans la première partie de ce mémoire sont prégnantes dans la construction de la politique iranienne étrangère dans le détroit d'Ormuz. Toutefois, cette volonté de conserver sa souveraineté sur les îles et de faire du détroit sa ligne de défense ne signifie pas que l'Iran ait des souhaits hégémoniques. Non, elle manifeste le désir de conserver ce qui, selon l'Iran, lui est dû. En outre, en s'assurant le maintien de sa souveraineté sur ces territoires, l'Iran s'assure de la stabilité de son dispositif de protection et de défense. Ce dispositif lui est crucial, car l'Iran est souvent en situation de face à face avec une autre puissance dans le Golfe : les États-Unis.

2
Les États-Unis face à l'Iran : sécurisation et militarisation du détroit d'Ormuz

Présente extensivement dans le monde, celle dont on a pu dire qu'elle était l'hyperpuissance, la puissance américaine représente un formidable défi pour l'Iran aujourd'hui. Depuis les années 1990, elle marque le Moyen-Orient par ses interventions et s'est imposée comme le partenaire indispensable de tout pays qui souhaite avoir un rôle à jouer dans le monde. Même si cette hyperpuissance américaine a perdu de son influence au cours des dix dernières années, notamment avec la montée en puissance de la Russie, elle reste le grand acteur du jeu politique dans la région du golfe Persique. Aussi, l'Iran se trouve confronté à cette puissance dans le détroit d'Ormuz.

Partenaires pour certains, mais aussi et surtout ennemis pour l'Iran, les États-Unis n'ont pas toujours eu ce rôle dans le Golfe et au Moyen-Orient plus largement. Ils ont progressivement gagné en influence et su jouer des évolutions internationales pour se créer une place qui n'est aujourd'hui plus remise en question. Ils participent ainsi d'une certaine militarisation du détroit d'Ormuz. L'objet de ce chapitre est de montrer que cet antagonisme idéologique qui donne lieu à un face à face entre l'Iran et les États-Unis, renforçant les positions de l'un et de l'autre, a pour conséquences la montée des tensions et des enjeux sécuritaires dans le détroit d'Ormuz.

L'arrivée des États-Unis dans le golfe Persique : un partenaire apprécié ?

Les États-Unis et la création de l'Iran moderne

Pendant la Seconde Guerre mondiale, les Américains s'impliquent de manières diverses en Iran. Ils participent au convoi d'armement en URSS par l'Iran et appuient la souveraineté iranienne face à la convoitise soviétique. Une de leurs contributions la plus importante reste toutefois leur participation dans la réorganisation en profondeur des forces armées iraniennes. Les États-Unis envoient des militaires pour former les soldats iraniens au combat.[138] Entre 1943 et 1945, Arthur Millspaugh, homme d'État américain, dirige les finances iraniennes.[139] Peu à peu il place des Américains à beaucoup de postes clés. À partir de 1947, il ne s'agit plus pour les États-Unis d'aider l'URSS d'une quelconque manière, mais bien de contrer toute influence soviétique. Ainsi, s'impliquer en Iran leur permet d'assurer leur influence dans la région et de mener leur politique d'endiguement. Par ailleurs, il ne faut pas oublier que la décennie 1950 voit aussi le début de l'exploitation pétrolière américaine en Arabie Saoudite. Bénéficier d'une place de choix en Iran leur permet donc également de sécuriser leurs intérêts pétroliers dans la région.

Ainsi, les États-Unis vont non seulement participer à la modernisation de l'Iran mais également accentuer progressivement la dépendance de ce dernier à l'égard de leur administration.

Les États-Unis, un allié envahissant

C'est à partir des années 1950 qu'une partie de la population iranienne commence à rejeter l'implantation américaine en Iran. Lorsque Mosaddeq arrive au pouvoir en 1951, les Américains

---

[138] Jean-Pierre Digard, Bernard Hourcade, Yann Richard, *op.cit.*, p. 104.

[139] Voir à ce sujet Arthur Millspaugh, *Americans in Persia*, Washington, Brookings Institution, 1976, 293 p.

font tout pour qu'il s'enlise et ne reste pas longtemps. Alors que le parti du Toudeh, parti communiste iranien, gagne de l'ampleur, les États-Unis craignent que l'Iran ne passe du côté soviétique. En conséquence, la CIA – qui n'a pas confiance en Mosaddeq, car il est trop indépendant et nationaliste – monte l'opération BEDAMN en 1948 qui a pour but de saper le soutien de Mosaddeq en offrant des pots de vin à ses rivaux de la coalition gouvernementale.[140] En 1952, Mosaddeq obtient toutefois le pouvoir de gouverner par décret pour six mois renouvelables. En avril 1953, la CIA reçoit un budget d'un million de dollars pour mettre à mal le gouvernement de Mosaddeq au cours des quatre mois suivants et préparer son départ.[141] Ils lancent donc l'opération AJAX qui a pour objectif de remplacer Mosaddeq par le général Zahedi en qui les Américains ont plus confiance (bien qu'il ait été du côté nazi pendant la guerre).[142] Cette opération est menée en plusieurs points. D'abord, il s'agit de concentrer les opérations de décrédibilisation sur Mosaddeq. Ensuite, il faut encourager les opposants à réaliser des troubles à l'ordre public. Enfin, il est nécessaire de chercher l'assentiment du shah afin d'effectuer les changements politiques. Afin de convaincre le shah, la CIA fait appel à sa sœur qui le presse d'accepter la demande américaine. Le 15 août 1953, Reza Shah signe le décret révoquant Mosaddeq et nommant Zahedi à sa place. Pour renforcer sa crédibilité, le décret est publié dans la presse, diffusé à la radio et les officiers militaires se rallient à lui. La CIA paie de faux communistes pour manifester contre le shah et effrayer la population afin qu'elle demande l'ordre. Le lendemain, l'agence américaine organise une contre-manifestation royaliste contre Mosaddeq. Ce dernier finit par se rendre et le général Zahedi prend sa place.[143] Cette action clandestine permet aux États-Unis d'installer un gouvernement pro-occidental qui garantit ses intérêts au Moyen-Orient. Pour les Iraniens, elle est

[140] James Callanan, *Covert Action in the Cold War: US Policy, Intelligence and CIA Operations*, New York, I.B. Tauris, 2009, p. 115.
[141] *Ibid.*
[142] Jean-Pierre Digard, Bernard Hourcade, Yann Richard, *op.cit.*, p. 110.
[143] James Callanan, *op. cit.*, p. 117.

le symbole d'une ingérence étrangère intolérable qui ravive le mythe nationaliste de l'encerclement du pays.

Après cette date, les États-Unis mènent une stratégie de long terme en Iran. Ils installent leur *Bureau Overseas Consultant* qui réalise le premier plan de développement iranien et passent des accords d'assistance militaire avec le pays.[144] En 1964, les conseillers militaires américains obtiennent le statut quasi diplomatique ce qui provoque le mécontentement populaire et des émeutes ont lieu (le leader, l'ayatollah Khomeiny, est d'ailleurs arrêté). La révolution blanche qui commence en 1963 est en grande partie inspirée par l'administration Kennedy. Avec la nationalisation du pétrole, les États-Unis sont les grands gagnants, car ils s'assurent la permanence de leurs entreprises pétrolières en Iran.

Les années 1970, les États-Unis, outils de l'Iran

Même si l'Iran n'apprécie pas le rôle qu'ont joué les États-Unis dans les années 1950, il ne met pas un terme à la coopération avec les Américains ce qui pousse les États-Unis à en profiter. Alors que le Royaume-Uni annonce son retrait du Golfe en 1968, les États-Unis y voient rapidement une opportunité. En 1969, ils mettent en place la doctrine Nixon qui vise à rendre les alliés des États-Unis militairement indépendants pour qu'ils puissent construire leur propre défense. L'Iran achète donc du matériel militaire aux Américains : les F-4D Phantom, les F-14 Tomcat (biréacteurs à flèche variable), les chasseurs bombardiers F-16. Cela lui permet d'avoir un équipement à la pointe de la technologie, mais en même temps cela accroît sa dépendance face aux États-Unis.[145] L'Iran devient le gendarme du Golfe et le garant des intérêts américains au Moyen-Orient. Leurs relations diplomatiques sont très intenses. En 1973, Richard Nixon se rend à Téhéran pour la première fois et l'ambassadeur américain en Iran est en contact hebdomadaire avec le shah.

---

[144] Bernard Hourcade, *op. cit.*, p. 263.
[145] Jean-Pierre Digard, Bernard Hourcade, Yann Richard, *op.cit.*, p. 138.

Toutefois, cette situation ne dure pas. Avec la révolution islamique de 1979, les États-Unis n'ont pas leur place dans le nouveau régime iranien. Ils sont rejetés par ce régime et même agressés par celui-ci lors de la prise d'otage du personnel diplomatique américain à Téhéran en 1979. Pour les Iraniens, ils vengent Mosaddeq.[146] Le conflit tourne à l'affrontement quand le commando américain tente de libérer les otages en 1980. Ces derniers sont finalement libérés en 1981 avec la signature de l'Accord d'Alger.[147] L'Iran apparaît peu à peu comme une puissance menaçante qui a su se jouer des intérêts américains en profitant de l'aide des États-Unis pour améliorer sa capacité militaire et donc son pouvoir de contrainte. Malgré cela, les États-Unis ne cessent pas leur politique, car il est stratégiquement important pour eux de ne pas négliger l'Iran, voisin de l'URSS et détenteur des deuxièmes réserves mondiales de pétrole.

Un face à face entre l'Iran et les États-Unis dans le détroit d'Ormuz : la guerre Iran-Irak

La guerre Iran-Irak est le conflit majeur qui a marqué l'histoire de la République islamique d'Iran. Elle confronte deux pays soutenus également par les grandes puissances qui souhaitent éviter l'effondrement d'un seul des belligérants afin d'éviter de causer un déséquilibre régional. Caractérisée par une guerre des villes, la guerre Iran-Irak a aussi eu lieu sur un terrain différent : le golfe Persique.

La guerre des tankers 1984 – 1986 : le détroit d'Ormuz, point de cristallisation des enjeux

En 1982, l'Irak attaque le terminal de Kharg et les puits offshores de Nowruz provoquant une marée noire. C'est le premier évènement qui mène à la guerre des pétroliers dans le

[146] Jean-Pierre Digard, Bernard Hourcade, Yann Richard, *op. cit.*, p. 265.
[147] Mohammad-Reza Djalili, Thierry Kellner, *op. cit.*, p. 83.

Golfe. À partir de l'année 1984, les attaques sur des supertankers dans le Golfe se généralisent.[148] Au cours de cette année, l'armée irakienne attaque soixante-neuf navires iraniens afin de bloquer les exportations pétrolières de l'Iran. Dès le mois de février 1985, les premiers Mirages F-1EQ5 équipés de missiles Exocet entrent dans l'armée de l'air irakienne ce qui permet à l'Irak d'accentuer ses raids contre le trafic pétrolier.[149] Le 14 février 1985, l'aviation irakienne coule le pétrolier libérien *Neptunia* au large de Bouchehr. En réaction, les Iraniens multiplient les leurres autour de l'île de Kharg : ils installent des vieux cargos rouillés, des barges avec des amplificateurs d'ondes radars pour leurrer les Exocet. Étant extrêmement dépendant de son pétrole, l'Iran met en place un système de navettes pour dégager le terminal de Kharg, car il constitue une cible trop importante. L'île de Siri accueille désormais un terminal pétrolier alternatif. Grâce à cette stratégie, l'Irak ne touche que dix-huit pétroliers en cinq mois.[150] Jusqu'à cette date, aucun navire de commerce de pays neutre n'a été touché. L'Iran déploie ses Phantom sur l'île d'Abu Musa et les plateformes iraniennes offshore. Ils débutent une guerre de harcèlement contre les pétroliers qui passent près d'eux. Dans le même temps, la Marine iranienne des *Pasdaran* surveille le détroit d'Ormuz. En août 1985, l'Irak s'en prend à nouveau au terminal de Kharg. Pour répliquer, Ali Khamenei menace de bloquer le détroit d'Ormuz. En un an, les Irakiens ont réduit de 12% la quantité de pétrole exportée par l'Iran. La raffinerie d'Abadan n'est plus opérationnelle, le terminal de Bandar Khomeiny fonctionne de manière réduite ainsi que celui de Kharg. En août 1986, l'armée irakienne attaque le terminal de Siri, coule le pétrolier *Azarpod* et endommage deux supertankers iraniens. Pour protéger son industrie pétrolière, l'Iran étend son système de navette à l'île de Larak. Cette île se situe au large de Bandar Abbas. Elle est donc très proche de l'Iran dans le détroit d'Ormuz. Mais l'armée irakienne frappe ce terminal. Il s'agit du raid le plus lointain pour l'armée

[148] Jean-Pierre Digard, Bernard Hourcade, Yann Richard, *op. cit.*, p. 191.
[149] Pierre Razoux, *op. cit.*, p. 353.
[150] *Ibid.*, p. 355.

irakienne. Cinq tankers sont endommagés. Face à cette humiliation, l'armée iranienne lance une offensive contre le Koweït et les EAU. Elle envoie ses hélicoptères stationnés à l'île d'Abu Musa et deux frégates quittent aussi leur base de Bandar Abbas pour tirer des missiles contre quatre supertankers de ces pays. L'objectif est de cibler les pays les plus faibles du Conseil de Coopération du Golfe car ceux-ci soutiennent l'Irak.[151] Pendant cette année 1986, quatre-vingt-seize navires de commerce sont attaqués et la production pétrolière iranienne baisse de 5%.[152] En avril 1987, les premiers *Pasdaran* manifestent pour l'arrêt des combats, mais le gouvernement iranien refuse. À la fin avril, il déploie deux batteries de missiles antinavires Silkworm dans le détroit d'Ormuz (sur l'île de Qeschm et proche de Bandar Abbas).[153] L'Iran décide de créer une zone maritime spéciale de contrôle du trafic du détroit. Chaque jour, les navires marchands doivent prouver leurs motivations commerciales afin de pénétrer dans le Golfe. La puissance iranienne montre donc son pouvoir sur le détroit : elle peut restreindre fortement le commerce international. Cette menace n'est pas à prendre à la légère. Le détroit d'Ormuz devient un enjeu de la guerre et cristallise les tensions.

L'intervention américaine dans le Golfe et le détroit d'Ormuz, 1987 - 1988

Dès 1983, les États-Unis ouvrent une réflexion sur leur action dans la guerre, réflexion dont on trouve la trace dans les Archives de la Maison Blanche. En effet, dans la directive de sécurité 114 il est écrit :

> *« C'est la politique américaine actuelle de prendre toutes les mesures nécessaires pour maintenir le détroit d'Ormuz ouvert au commerce international. En conséquence, les forces armées*

---

[151] Jean-Pierre Digard, Bernard Hourcade, Yann Richard, *op. cit.*, p. 192.
[152] Pierre Razoux, *op. cit.*, p. 391.
[153] *Ibid.*, p. 416.

américaines essaieront d'empêcher et, si cela ne fonctionne pas, de vaincre tout effort hostile visant à fermer le détroit au transport international. Parce qu'une restriction de flux de pétrole provenant du golfe Persique aurait un impact réel et psychologique sur le système économique international, nous devons nous assurer d'être prêts à gérer rapidement toute action visant à perturber cette circulation. »[154]

Les États-Unis savent donc déjà qu'ils vont devoir intervenir et ils y sont préparés. Mais leur intervention ne débute pas à cette date. Il faut attendre que le conflit s'enlise un peu plus et que leurs alliés demandent leur intervention pour qu'elle ait lieu. En 1984, l'Arabie Saoudite presse les États-Unis d'agir.

« L'escalade récente dans la guerre Iran-Irak, spécifiquement les attaques contre le transport dans le commerce non-belligérant avec l'Arabie Saoudite et le Koweït, a donné lieu à des demandes urgentes de la part de l'Arabie Saoudite pour accélérer les livraisons d'armes et le soutien en tanker. »[155]

L'Irak cherche à internationaliser le conflit en attaquant des navires de pays neutres. Alors, pour garantir la liberté de navigation et protéger les navires, les puissances française, américaine, italienne et néerlandaises envoient des troupes dans le golfe Persique.[156] L'Irak intensifie ses attaques. Il vise de plus en plus de pétroliers koweïtiens. En mai 1987, l'Iran attaque un cargo russe qui franchit le détroit d'Ormuz. Le mois

[154] « U.S. policy toward the Iran-Iraq war », *National Security Decision Directive 114*, Archives en ligne de la Maison Blanche, 26 novembre 1983, https://catalog.archives.gov/id/6879713

[155] « Responding to escalation in the Iran-Iraq war », *National Security Decision Directive 141*, Archives en ligne de la Maison Blanche, 25 mai 1984, https://catalog.archives.gov/id/6879739.

[156] Jean-Pierre Digard, Bernard Hourcade, Yann Richard, *op. cit.*, p. 192.

de mai 1987 voit aussi la découverte de mines dans le détroit. En effet, quatre pétroliers sont endommagés lorsqu'ils traversent le chenal menant au terminal koweïtien al-Ahmadi. Les plongeurs découvrent que les mines ont été placées juste à la bonne profondeur pour qu'elles soient déclenchées par les pétroliers avec un chargement.[157] Le Koweït demande alors l'aide des puissances étrangères. Comme l'URSS répond à l'appel koweïtien, les États-Unis se sentent obligés d'intervenir eux-aussi pour ne pas laisser leur ennemi prendre de l'importance dans la région.

En juillet 1987, les États-Unis lancent l'opération *Earnest Will.* Il s'agit d'accompagner les navires battant pavillon américain dans le Golfe. Onze bâtiments koweïtiens sont ainsi escortés. Faisant cela, les États-Unis montrent aux monarchies du Golfe qu'elles peuvent avoir confiance en leur allié américain. Les convois sont composés d'un croiseur, d'un destroyer et de deux frégates qui escortent toutes les deux semaines des tankers jusqu'au golfe d'Oman. Le trajet, long de 1 300 kilomètres, passe près de la ligne d'interdiction maritime iranienne. Les Américains pensent que l'Iran n'osera pas cibler des navires qu'ils protègent. Pourtant, l'Iran utilise la voie détournée des mines pour atteindre ces cibles. En effet, le 24 juillet 1987, le supertanker koweïtien *al-Rekkah* rebaptisé *Bridgetown* est endommagé par une mine à trente kilomètres de l'îlot iranien Farsi. Face à la détermination et à l'audace iraniennes, les États-Unis déploient des renforts navals pour donner une leçon à l'Iran. Au total, ils disposent de cent-soixante-dix appareils aériens et de cinquante navires en plus des vingt-trois navires français et anglais dans la région. En comparaison, l'Iran est en position de faiblesse, ne possédant que quatre frégates, une corvette et dix patrouilleurs.[158] Pour neutraliser l'ennemi iranien, la CIA organise l'opération *Prime Chance.* Deux bases mobiles flottantes sont installées secrètement dans le Golfe pour surveiller les *Pasdaran.* Ces bases ont l'apparence de barges civiles affrétées par le Koweït pour entretenir les plateformes pétrolières. La première se situe

---

[157] Pierre Razoux, *op. cit.* , p. 424.
[158] *Ibid.*, p. 434.

vers l'île iranienne Farsi et la seconde vers Abu Musa. Ayant une activité parfaitement normale le jour, elles lancent leurs activités de surveillance la nuit. Le 4 août 1987, les bases repèrent du mouvement : les *Pasdaran* manœuvrent pour gêner les convois dans le détroit. Des mines sont repérées grâce à la surveillance américaine. L'US Navy organise une opération de déminage avec les bâtiments français et britanniques. Défiant les Américains, l'Iran accélère la fréquence de ses attaques au mois de septembre 1987. L'*Iran Ajr*, bâtiment d'assaut amphibie, quitte sa base de Bandar Abbas pour poser des mines dans le couloir des eaux internationales. Les officiers américains filment la scène avant d'attaquer et d'éliminer cinq marins iraniens. Humilié, l'Iran attaque le même jour le pétrolier britannique *Gentle Breeze*. Ensuite, il rassemble une cinquantaine de vedettes près de Kharg et les envoie en direction du port saoudien de Khafji pour tester la détermination du roi. Ce dernier réagit vite et l'armée américaine protège son territoire. L'US Navy réplique avec l'opération *Nimble Archer* le 19 octobre 1987. Elle vise les *Pasdaran* situés sur les terminaux offshores de Lavan. Les officiers américains annoncent aux *Pasdaran* qu'ils ont vingt minutes pour évacuer. Une fois ce temps écoulé, ils ouvrent le feu et ravagent les installations. Coup de maître, cette opération affaiblit l'Iran. Celui-ci veille désormais à ne s'en prendre qu'aux navires non escortés. Toutefois, un dernier élément achève de motiver les États-Unis à neutraliser l'Iran. En avril 1988, une frégate américaine touche une mine iranienne au large de Bahreïn. Cela prouve que l'Iran n'avait pas arrêté ses activités belligérantes. En réponse, les États-Unis lancent une bataille aéronavale contre l'Iran dans le Golfe (opération *Praying Mantis*).[159] La Marine américaine endommage tous les bâtiments de la flotte iranienne et en détruit certains.[160] Victorieux, le gouvernement américain étend sa protection à l'ensemble du trafic maritime dans le golfe Persique. Ainsi, au cours de l'année 1987, le Golfe s'est embrasé.

[159] *Ibid.*, pp. 442-456.
[160] Jean-Pierre Digard, Bernard Hourcade, Yann Richard, *op. cit*, p. 193.

Un point intéressant est à noter en parallèle de ces remarques sur les États-Unis. Nous avions vu au premier chapitre que l'Iran tenait à ces îles dans le détroit et nous avions commencé à percevoir à quel point elles étaient importantes. Au cours de la guerre dans le Golfe, ces îles ont servi à l'Iran de point d'appui et de projection. Elles ont été capitales dans le dispositif de défense iranien. Si nous avions étudié le fait que l'Iran utilise le golfe Persique comme ligne de défense, nous avons ici un élément de preuve qui détaille la composition de cette ligne défensive. Nous le verrons, la doctrine militaire iranienne s'est développée au cours de cette guerre et l'utilisation de ces îles comme dispositifs de défense en fait partie.

Au cours de la guerre Iran-Irak, les États-Unis se sont imposés face à l'Iran. Ils ont pris place dans le Golfe et se sont opposés à la puissance iranienne. Cela a donné lieu à divers affrontements qui ont marqué la mémoire iranienne et ont achevé de faire des Américains des ennemis pour l'Iran.

Les États-Unis et leur réseau d'alliances : la surveillance constante d'Ormuz

Les États-Unis dans le Golfe : gardiens de la sécurité dans le détroit

Dès l'instant où les États-Unis mettent un pied en Iran dans la Seconde Guerre mondiale, ils n'ont de cesse de développer leur mainmise sur cet espace. Ainsi, leur rôle dans le golfe Persique augmente à partir de ces années-là. À côté du développement de leur influence en Iran, les États-Unis créent des liens forts avec les autres pays du Golfe et en particulier l'Arabie Saoudite. En 1945, le président Roosevelt rencontre le roi d'Arabie Saoudite sur l'USS Quincy. C'est le début d'une coopération entre les deux pays.[161]

[161] Jean-Loup Samaan, « Les États-Unis dans le golfe Persique : la Realpolitik d'Obama en action ? », *Hérodote*, 2013/2, n°149, pp. 22-36. https://www.cairn.info/revue-herodote-2013-2-page-22.htm

Au cours de la guerre Iran-Irak, les États-Unis assurent la sécurité dans le Golfe pour rassurer les monarchies pétrolières et préserver la stabilité des flux maritimes. Ils sont les garants de la liberté de circuler et de commercer par le détroit d'Ormuz. En 1948, ils établissent la force du Moyen-Orient américaine (qui deviendra la Ve flotte) au Bahreïn. Après le départ du Royaume-Uni, ils louent une partie de l'ancienne base anglaise dans le pays. En 1983, ils créent le premier commandement intégré régional américain dans la région, le CENTCOM.[162] Dans la guerre contre Saddam Hussein, les États-Unis envoient 200 000 soldats en Arabie Saoudite pour mener l'opération *Desert Shield* et protéger le royaume saoudien contre une invasion iranienne. À l'issue de cette guerre, ils maintiennent 50 000 soldats sur le territoire saoudien.

En 1995, le Pentagone agrandit la base de Bahreïn et réactive la Ve flotte qui avait disparu depuis 1947. Par un accord bilatéral de défense, le Bahreïn fournit à l'armée américaine un accès à ses bases aériennes. Ainsi, l'US Air Force peut y stocker du matériel. C'est elle qui assure la sécurité dans le golfe Persique aujourd'hui. Elle supervise les opérations dans le Golfe, la mer d'Arabie, l'océan Indien et la mer Rouge. Cette zone de responsabilité couvre donc environ quatre millions de kilomètres carrés avec trois points importants : le canal de Suez, le détroit de Bab el-Mandeb et le détroit d'Ormuz.

Avoir accès à cette base permet donc aux États-Unis de couvrir un espace stratégique immense. Les navires de l'US Navy patrouillent régulièrement dans le détroit pour veiller à la sûreté du trafic quotidien. Pour ces missions, 3 250 soldats sont déployés environ (chiffres de 2013). Cette base de Bahreïn est l'un des cinq commandements américains au monde qui peut assurer des missions de transport naval. Bahreïn est donc un point central de la stratégie maritime américaine. Chacune des bases américaines fait face aux bases miliaires iraniennes. Dans le Golfe, les États-Unis et l'Iran sont donc en face à face permanent pour la surveillance d'Ormuz. Depuis 2012, les

---

[162] *Idem*, « Les rivalités navales dans le golfe : acteurs et ressources », *Hérodote* 2016/4, n° 163, consulté le 16 février 2018, pp. 149-165.

États-Unis organisent des exercices militaires multilatéraux dédiés à la lutte antimines. Ces exercices révèlent à quel point les États-Unis investissent dans leurs alliés du Golfe pour exercer cette surveillance d'Ormuz et contrer la menace iranienne.

Les États-Unis et les monarchies du Golfe, alliés dans la surveillance du détroit

Le 7 décembre 2012, le Bahreïn accueille le *Manama Dialogue*, une conférence annuelle dédiée aux problématiques stratégiques des pays du Conseil de Coopération du Golfe (CCG). Née en 1981, cette alliance entre les pays du Golfe n'est toutefois pas encore efficace sur le terrain puisque les pays membres n'arrivent pas à mener une action en commun. Ce sont les États-Unis qui permettent à chacun de ces pays d'assurer leur propre sécurité. Ce leadership américain dans la zone montre que les États-Unis sont devenus indispensables pour leurs alliés. En effet, ils sont les premiers vendeurs d'armes aux pays du Conseil de Coopération du Golfe (CCG). Depuis 2004 ils réalisent un tiers de leurs commandes.[163] Ces ventes font partie des *Foreign Military Sales* qui est un programme de vente américain. En effet, dans ce cadre, le département de la Défense commande les armes aux industries de défense ou fait appel aux réserves de l'armée. Le client étranger n'a aucun contact avec l'entreprise qui fournit l'armement. L'État américain donne sa garantie directe sur le contrat et le client se voit octroyer le soutien logistique des armées américaines. Ce faisant, c'est toujours l'État américain qui est l'acteur principal de ces ventes et il peut en jouer politiquement. Elles font partie du dialogue stratégique des États-Unis avec les monarchies du Golfe. Ces contrats de vente permettent donc aux Américains d'assurer un suivi politique étroit dans ces pays. Par ce biais, les États-Unis s'assurent un rôle important et créent une dépendance chez leurs alliés. Ils ont

[163] Jean-Loup Samaan, *op. cit.*

récemment vendu le système THAAD de défense antimissile (*Theater High Altitude Area Defense*) aux pays du CCG.

Les États-Unis ont contribué à la formation des armées des pays du Golfe. Ceux-ci participent de la compétition des États-Unis avec l'Iran dans la région. Le Bahreïn a la plus petite force avec seulement 8 200 hommes. Il dispose d'avions de combat américains, d'une frégate et de patrouilleurs ainsi que d'hélicoptères d'attaque américains. Le port du royaume accueille régulièrement six mille militaires et civils ainsi que des transporteurs et navires amphibiens de combat. Les États-Unis ont investi largement dans les installations militaires bahreïnies (580 millions de dollars pour cinq ans en 2010).[164] Le pays est le premier bénéficiaire de l'assistance et de l'entrainement américains. Il reçoit environ 500 000 dollars pour les actions de non-prolifération, antiterrorisme, déminage et soutien ; 700 000 dollars pour l'entrainement et l'éducation du personnel militaire et dix millions de dollars de financement général. À côté, l'Arabie Saoudite est le premier acheteur d'armes américaines dans la région. Elle possède un des équipements les plus avancés. En 2010, les Saoudiens passent un contrat de vente de plus de deux milliards de dollars avec les Américains. Entre 2007 et 2010, l'Arabie Saoudite achète pour 13, 8 milliards de dollars d'équipement et de services américains, soit plus que tout autre pays dans le monde. La coopération américaine avec les Émirats Arabes Unis, le Qatar, le Koweït et Oman est moins approfondie, mais elle contribue elle aussi à faire des États-Unis l'allié indispensable des pays de la région. Ainsi, grâce à leur réseau d'alliance, les États-Unis peuvent assurer une surveillance constante du détroit d'Ormuz et de l'Iran.

Tout au long de ce chapitre, il est apparu que les États-Unis sont loin d'être des alliés de l'Iran. Même s'ils ont participé à la création d'un Iran moderne et financé les changements

---

[164] Anthony H. Cordesman, Alexander Wilner, Michael Gibbs, Scott Modell, *US-Iranian competition : the gulf military balance - The Conventional and asymmetric dimensions*, Center for Strategic and International Studies, 10ème édition, 6 janvier 2013, consulté le 21 février 2018, 255 p.

militaires jusque dans les années 1970, ils sont depuis devenus les ennemis de l'Iran. Depuis la guerre Iran-Irak, ils ont démontré leur puissance dans la région. C'est en intervenant pour maintenir la libre circulation dans le détroit en 1987 que les États-Unis ont endossé le rôle de garant du commerce mondial et protecteur des pays du Golfe. En mobilisant leurs alliés et en s'assurant de toujours les avoir avec eux, les États-Unis assurent une surveillance constante du détroit d'Ormuz encore aujourd'hui. De fait, ils participent à la montée en puissance du dilemme de sécurité dans la région. En armant les pays ennemis de la puissance iranienne, ils ont poussé cette dernière à moderniser son armement et à transformer ses dispositifs sécuritaires. Le Golfe apparaît aujourd'hui comme plus militarisé qu'auparavant. Il est évident que cette sécurisation accrue est aussi due aux conflits actuels (Syrie, Yémen, Israël) qui opposent l'Iran aux pays du golfe Persique. Mais en se posant comme le protecteur déterminé des pays comme l'Arabie Saoudite, les États-Unis accroissent l'animosité de l'Iran à leur égard et à l'égard des autres pays. La question suivante est donc de savoir si un conflit direct pourrait éclater dans le détroit d'Ormuz. L'Iran se sent en effet encerclé et pourrait menacer de fermer le détroit. Il est donc nécessaire d'évaluer la menace que l'Iran pourrait représenter, afin de poursuivre notre réflexion sur l'Iran dans le détroit d'Ormuz.

3
L'Iran et son outil naval, entre développement et modernisation, quelle menace dans le détroit d'Ormuz ?

Lorsque l'Iran était encore l'Empire Achéménide, il avait développé la première Marine du golfe Persique. La majorité de sa flotte était composée de vaisseaux étrangers avec leurs marins ce qui posait des problèmes, car tous n'étaient pas loyaux à l'Empire. Toutefois, elle était stationnée dans le Golfe Persique.[165] L'Empire Perse s'est donc intéressé très tôt à sa défense maritime et au contrôle de l'espace du golfe Persique. L'Iran attache donc une importance à son outil naval.

Depuis les années 1970, l'outil naval iranien a connu des changements. Ces changements ont d'ailleurs impacté l'intégralité du modèle militaire iranien. En effet, la Révolution Islamique a apporté la création d'un nouveau corps militaire : les Gardiens de la Révolution Islamique ou *Pasdaran*. Initialement pensés comme les protecteurs du régime, ces Gardiens sont aujourd'hui les maîtres de la surveillance du détroit d'Ormuz. L'un des outils marqueur du *hard power* d'un État est l'utilisation de son armée. Ainsi, en développant son outil militaire, l'Iran contribue certainement à se rendre plus menaçant pour les puissances régionales et internationales. Le développement de l'outil naval iranien a connu des évolutions et fait partie de l'histoire du régime politique. Ainsi, il est intéressant d'étudier la dimension historique de la Marine iranienne pour mettre en lumière la menace que peut représenter l'Iran aujourd'hui dans le détroit d'Ormuz.

---

[165] *Iranian naval forces : a tale of two navies*, Office of Naval Intelligence, février 2017, consulté le 28 mars 2018. http://www.oni.navy.mil/Portals/12/Intel%20agencies/iran/Iran%20022217SP.pdf

Le développement de l'outil naval sous le dernier shah d'Iran : Ormuz, point d'appui, lieu de projection de puissance

La création d'une armée avant Mohammad-Reza Shah Pahlavi

Lorsque Reza Shah entre en fonctions, il lance la création d'une armée moderne en 1925 pour répondre à un nouvel impératif de sécurité. En effet, avec la découverte du pétrole, l'Iran doit développer sa propre force navale pour sécuriser le commerce maritime et réduire l'appui britannique aux nations arabes. Avec la loi du 6 juin 1925, le shah impose le service militaire obligatoire de vingt-cinq ans avec deux années de service actif.[166] Cela participe d'un mouvement général de modernisation avec le recensement et l'apparition de l'état civil. L'armée contribue à créer une nation iranienne nouvelle. Cependant, loin d'être créée afin de sécuriser le Golfe, l'armée impériale sert surtout à maintenir le pouvoir central en place contre les révoltes locales des tribus nomades.[167] Pour former cette armée, le shah envoie des officiers dans des écoles militaires étrangères (surtout françaises) et engage des officiers occidentaux pour qu'ils forment ses officiers.[168] La flotte impériale est composée de deux navires achetés à la Grande-Bretagne au XIXe siècle. Entre 1924 et 1927, le shah ajoute deux nouveaux navires, l'un allemand et l'autre britannique. En 1932, il établit officiellement la Marine Impériale d'Iran et achète quatre vaisseaux italiens.[169] Toutefois, l'armée fonctionne mal, car elle est vécue comme une contrainte. Du fait de la conscription forcée, la population se tourne contre son roi ce qui ne renforce pas le sentiment national. En 1941, le shah pensait pouvoir mobiliser 400 000 hommes. Mais cette

---

[166] Jean-Pierre Digard, Bernard Hourcade, Yann Richard, *op. cit.*, p. 79.
[167] Bernard Hourcade, *op. cit.*, p. 165.
[168] *The Artesh : Iran's marginalized regular military*, Middle East Institute, novembre 2011.
[169] *Iranian naval forces : a tale of two navies*, *op. cit.*

armée était peu efficace, car mal entrainée.[170] En 1946, elle réalise sa première opération pour la reprise du contrôle des provinces du Kurdistan et d'Azerbaïdjan sans combattre toutefois.[171] Malgré ces défauts, les efforts du shah contribuent à ouvrir la voie de la modernisation de l'outil naval iranien.

Le dernier shah d'Iran et la modernisation de l'outil naval

Après la Seconde Guerre mondiale, le fils de Reza Shah, Mohammad-Reza Pahlavi devient shah à son tour et poursuit le mouvement lancé par son père. En octobre 1971, Mohammad-Reza Shah Pahlavi, dernier shah d'Iran, organise les grandes fêtes de Persépolis pour commémorer le 2 500e anniversaire de la fondation de l'Empire perse par Cyrus le grand. Révélant ses accès de mégalomanie, le shah était aussi un passionné d'équipement militaire. Il contribue donc fortement à l'amélioration de celui-ci. Souhaitant reconstruire le prestige impérial de l'Iran, le shah développe la Marine Impériale Iranienne. Il acquiert des vaisseaux de patrouille des États-Unis et du Royaume-Uni. En 1965, l'effectif de la Marine Impériale Iranienne est de six mille marins. [172] L'État iranien achète des frégates, des destroyers, des corvettes aux États-Unis. La coopération avec la puissance américaine, comme nous l'avons vu, permet à l'Iran d'acquérir un équipement militaire à la pointe de la technologie de l'époque.[173] À partir de 1968, alors que le Royaume-Uni annonce son retrait du golfe Persique, l'Iran endosse peu à peu le rôle de gendarme de la sécurité du Golfe. Ce rôle lui est assuré par son partenariat avec les États-Unis qui ont par ailleurs mis en place la stratégie des deux piliers de la doctrine Nixon : ils vendent des armements à l'Iran à des prix cassés et l'Iran veille à sécuriser les exportations

---

[170] Jean-Pierre Digard, Bernard Hourcade, Yann Richard, *op. cit.*, p. 78.

[171] Bernard Hourcade, *op. cit.*, p. 165.

[172] *Iranian naval forces : a tale of two navies, op. cit*

[173] *Iran's naval forces : from guerrilla warfare to a modern naval strategy*, Office of Naval Intelligence, automne 2009, consulté le 28 mars 2018, https://fas.org/irp/agency/oni/iran-navy.pdf.

pétrolières en échange.[174] Depuis 1973, le budget de la défense représente 30% des revenus iraniens.[175] En 1972, lors de l'anniversaire de la Marine impériale, le shah révèle de grandes ambitions : l'extension des opérations navales dans le golfe d'Oman et dans l'océan Indien.[176] En 1978, la force navale compte 28 000 marins : c'est la marine la plus forte des pays du Golfe.[177] Avant que la Révolution Islamique n'éclate, l'Iran devient un acteur politique et économique important sur la scène régionale grâce à son armée. Gendarme du golfe Persique, il envoie un corps expéditionnaire soutenir le sultan Qabous à Oman quand il est confronté à une guérilla marxiste. La puissance iranienne préserve le *statu quo* du Golfe. Ces efforts mènent à la création d'une force aérienne et navale moderne.

Ces efforts de développement de la Marine impériale n'échappent pas aux puissances étrangères. On trouve en effet la trace de recherches et de réflexions sur ce sujet dans les archives diplomatiques françaises. Les diplomates français font état dans leurs écrits des évolutions navales de l'armée iranienne. La Marine impériale semble réaliser de plus en plus d'exercices dans le Golfe et particulièrement dans le détroit d'Ormuz. Dans un échange avec le Ministre des Affaires étrangères français, l'Ambassadeur français à Téhéran écrit en 1974 :

> *« Importantes sur le plan militaire puisqu'elles témoignent d'un bon degré de préparation des unités de combat, les évolutions de la flotte iranienne ont eu principalement une signification politique. La publicité qui leur a été donnée montre tout d'abord que si la Marine a été moins favorisée jusqu'à présent que les autres armes, la tendance est maintenant inversée. L'effort d'équipement va s'accélérer et les lacunes comblées. »*[178]

---

[174] Jean-Pierre Digard, Bernard Hourcade, Yann Richard, *op. cit.*, p. 138.
[175] *Ibid*, p. 137.
[176] *Iranian naval forces: a tale of two navies, op. cit.*
[177] *Ibid.*
[178] « Manœuvres navales iraniennes », Télégramme n° 1729, Robert de Souza, Ambassadeur de France en Iran à Jean Sauvagnargues, Ministre des Affaires Étrangères, 14 novembre 1974, Série IN sous-série V Dossier A. 2. 3.,

« L'Iran est plus que jamais déterminé à se doter d'un instrument naval qui soutienne fermement ses conceptions touchant à son indépendance nationale et à son rayonnement dans le Golfe et dans l'océan Indien. »[179]

Il témoigne donc de ce qui se déroule sous ses yeux en Iran : un mouvement national de modernisation de l'outil naval dans le but de contrôler le détroit d'Ormuz.

En 1978, le budget de la défense prévoit une dotation de 2,5 milliards de dollars en faveur de l'équipement de la Marine Impériale.[180] À cette époque, l'Iran coopère aussi avec la France pour créer sa première force sous-marine. En effet, dans ses échanges en novembre 1974 avec le Ministre de la Défense français, l'Amiral Joire-Noulens, Chef d'État-Major de la Marine, fait état de la coopération avec l'Amiral iranien Attai et le vice-ministre de la Défense le Général Toufanian. La Marine iranienne ne connait rien au domaine du sous-marin.

« L'Iran attend donc [...] que nous lui fournissions une force sous-marine « clefs en main », mais que nous lui indiquions également comme y parvenir. »[181]

Direction Afrique du Nord et Levant, Sous-Direction du Levant, Archives Diplomatiques de la Courneuve, Ministère des Affaires Étrangères, 1973-1982.

[179] *Ibid.*

[180] « Développement de la puissance maritime iranienne », Raoul Delay, Ambassadeur de France en Iran à Louis de Guiringaud, Ministre des Affaires Étrangères de la France, 7 juin 1978, Série IN sous-série V Dossier A. 2. 3., Direction Afrique du Nord et Levant, Sous-Direction du Levant, Archives Diplomatiques de la Courneuve, Ministère des Affaires Étrangères, 1973-1982.

[181] Télégramme n° 134, Amiral Joire-Noulens, Chef d'État-Major de la Marine au Ministre de la Défense de la France, 27 novembre 1974, Série IN sous-série V Dossier A. 2. 3., État-Major de la Marine Nationale, Archives Diplomatiques de la Courneuve, Ministère des Affaires Étrangères, 1973-1982.

En plus de la création de cette force sous-marine, l'Iran développe sa côte sud et le port de Bandar Abbas. En 1978, la population de Bandar Abbas atteint 150 000 habitants : elle a été multipliée par dix en huit ans.[182] Cette expansion est due à l'implantation de nombreuses installations militaires. En 1972, l'État iranien transfère le quartier général de la flotte iranienne à Bandar Abbas afin d'assurer une surveillance permanente du détroit d'Ormuz par la Marine impériale.[183] Un nouveau quai est construit pour permettre aux vedettes Spruance d'accoster. Les ateliers de l'arsenal, construits autour de deux cales sèches pour assurer la maintenance des navires et de leurs équipements, font l'objet d'une extension importante. Une compagnie américaine obtient un milliard de dollars pour doubler la capacité des installations de l'époque. En outre, une station radar de grande puissance est créée : elle fait partie d'un programme de surveillance constante du détroit d'Ormuz.[184] Le matériel iranien est moderne, faisant preuve d'un haut niveau de technicité. Cela témoigne de la volonté de puissance de l'Iran.

Ainsi, le dernier shah d'Iran fait preuve de modernisme et lance la modernisation de son outil naval. Cet outil a très vite été utilisé par l'Iran comme un outil pour contrôler l'espace du détroit d'Ormuz. C'est d'ailleurs dans ce but que les stations de surveillance de Bandar Abbas sont construites. La modernisation de la Marine Impériale a pour objectif d'en faire un atout de la puissance maritime iranienne et de lui garantir un accès dans le Golfe et l'océan Indien. Ce faisant, l'Iran se rend plus à même de peser dans les relations internationales. Cette évolution de la Marine se poursuit avec la Révolution islamique.

---

[182] « Bandar Abbas : montée de la puissance maritime iranienne », Raoul Delay, Ambassadeur de France en Iran à Louis de Guiringaud, Ministre des Affaires Étrangères de la France, 13 juin 1978, Série IN sous-série VI Dossier A. 5. 1., Direction Afrique du Nord et Levant, Sous-Direction du Levant, Archives Diplomatiques de la Courneuve, Ministère des Affaires Étrangères, 1973-1982.

[183] *Ibid.*

[184] *Ibid.*

Ormuz et les Gardiens de la Révolution islamique : la doctrine navale iranienne

Le Corps des Gardiens de la Révolution : une création récente dans la République islamique

Au cours de la Révolution islamique, l'armée impériale soutient Mohammad-Reza Shah. Une force constituée tout d'abord de jeunes animés d'un fort nationalisme et prêts au martyr prend forme et s'attaque au régime impérial. Après la victoire du mouvement révolutionnaire islamique, la République crée une nouvelle armée le 5 mai 1979 : le Corps des Gardiens de la Révolutions ou *Pasdaran*.[185] Cette force militaire est née pour protéger le nouveau régime politique. Elle fait aujourd'hui partie du modèle iranien puisqu'elle est inscrite dans la Constitution. Elle est devenue une institution centrale du gouvernement sous la direction de Mohen Rezaiz qui en est le Commandant en chef de 1981 à 1997. Progressivement, les *Pasdaran* deviennent un réel corps d'armée professionnel : ils se dotent d'uniformes, d'un commandement, de divisions et de brigades ainsi que des trois armes. En effet, en 1982 la Marine des Gardiens de la Révolution islamique est créée. Elle développe une doctrine assez particulière.

[185] Bernard Hourcade, *op. cit.*, pp. 168-192.

Les Pasdaran et la guerre contre l'Irak : naissance de la doctrine navale iranienne

La guerre contre l'Irak sert de première expérience aux *Pasdaran*. C'est dans cette guerre qu'ils vont concrétiser et mettre en place leur doctrine militaire. Après ce conflit, ils deviennent une entité légitime en Iran et une réelle menace pour les armées étrangères.

Pendant la guerre des tankers que nous avons étudiée au chapitre précédent, la Marine des *Pasdaran* se retrouve face à un ennemi plus puissant qu'elle, mieux équipé et mieux entrainé. Elle doit choisir : capituler ou trouver un moyen de contourner cette puissance. Les *Pasdaran* décident d'adapter leur stratégie à l'ennemi auxquels ils sont confrontés. Ils décrètent la création d'une zone d'exclusion maritime à partir de laquelle ils peuvent contrôler les flux dans le détroit et attaquer leurs ennemis. Alors qu'ils utilisent des armes conventionnelles (mitrailleuses et missiles antinavires), ils changent de tactique et emploient des petits vaisseaux pour conduire des embuscades et harceler les tankers.[186] Ils adoptent un nouveau mode opératoire : leurs vedettes surgissent par l'arrière dans l'obscurité, remontent les flancs des tankers, mitraillent puis opèrent un retour arrière pour viser la salle des machines afin de créer un incendie.[187] C'est le début de l'emploi de la doctrine asymétrique iranienne et de la stratégie de déni d'accès au golfe Persique.

Dans un conflit asymétrique, les deux acteurs sont de poids différents. L'un est plus faible que l'autre.[188] Il doit mobiliser des modalités de combat différentes. Il utilise donc des moyens non conventionnels pour faire la guerre. Dans le cas de l'Iran pendant la guerre contre l'Irak et surtout les États-Unis dans le

---

[186] *Iran's naval forces : from guerrilla warfare to a modern naval strategy*, *op. cit.*

[187] Pierre Razoux, *op. cit.*, p. 417.

[188] Bauer Alain, Bruguière Jean-Louis, « Chapitre II. Courants », dans *Les 100 mots du terrorisme*. Paris, Presses Universitaires de France, « Que sais-je ? », 2016, p. 13-27. URL : https://www-cairn-info.lama.univ-amu.fr/les-100-mots-du-terrorisme--9782130787259-page-13.htm

Golfe, la Marine iranienne utilise la technique de guérilla marine et harcèle les navires qui sont dans le Golfe. Les *Pasdaran* utilisent des armes conventionnelles de manière non conventionnelle : ils se servent du caractère furtif de leurs petits navires pour poser des mines et viser les faiblesses des gros bâtiments.

Après la guerre, l'Iran identifie les éléments nécessaires à l'amélioration de sa force navale : un équipement de qualité, un meilleur entrainement, plus de missiles antinavires et de plateformes de minage rapide, une meilleure coopération et communication dans la Marine et un meilleur renseignement.[189] Mais ce ne sont pas les seuls éléments de réflexion qui apparaissent.

Les années 1990 et l'évolution de la doctrine navale iranienne des Pasdaran

La doctrine navale iranienne, comme nous l'avons vu, est une doctrine *ad hoc*, c'est-à-dire qu'elle s'est construite en réaction à une situation. Cependant, après la guerre contre l'Irak, l'Iran poursuit la réflexion et approfondit les éléments constitutifs de sa doctrine. En effet, après la guerre, l'Iran étudie les autres opérations américaines comme *Desert Storm*, *Enduring Freedom* ou encore *Iraqi Freedom*. Les officiers iraniens en tirent des leçons de stratégie navale et font le choix d'adopter une doctrine défensive pour se préparer à un conflit asymétrique.

Pour le Commandant de la Marine des Gardiens de la Révolution l'Amiral Morteza Safari en 2007, une guerre asymétrique impliquerait d'appuyer sur toutes les faiblesses de l'ennemi en utilisant le maximum des capacités iraniennes.[190] D'autres éléments complètent la doctrine navale iranienne en plus de la guérilla marine. Le premier concept est celui de défense passive. Inspiré des opérations américaines en Irak en

---

[189] Fariborz Haghshenass, *Iran's asymetric naval warfare*, The Washington Institute for Near East Policy, septembre 2008.

[190] *Iran's naval forces : from guerrilla warfare to a modern naval strategy*, *op. cit.*

1990 et en 2003 et de leurs conséquences sur les défenses du pays, le concept de défense passive a pour objectif de pouvoir résister à une première attaque afin de pouvoir se défendre par la suite.[191] Il faut pour cela réduire sa vulnérabilité face à une attaque potentielle. Cela passe par l'utilisation de diverses techniques : le camouflage, la dissimulation, la duperie comme par exemple cacher des plateformes militaires le long de la côte iranienne ou encore construire des tunnels et des bunkers sur les îles du golfe Persique pour se protéger.[192] La décentralisation est le second concept mobilisé par les *Pasdaran*. Il s'agit d'organiser une défense en mosaïque de telle façon que la structure de commandement soit décentralisée pour augmenter la capacité de résilience de l'Iran par rapport à une attaque-surprise contre ses structures de commandement et de contrôle.[193] Cela implique par exemple de donner des ordres de mission aux patrouilleurs de telle sorte qu'ils n'aient pas besoin de rester en contact avec le centre de commandement. Chaque unité a donc un secteur maritime de surveillance. Aujourd'hui, le quartier général de la Marine des Gardiens de la Révolution se situe à Bandar Abbas sous le commandement de l'Amiral Fadavi nommé depuis 2009. L'espace de contrôle des *Pasdaran* est divisé en cinq districts : Shahid Bahonar, Buchehr, Nadar Mahshahr, Asaluyeh et Bandar Lengeh. Ces districts sont dirigés par des commandants de district qui sont responsables des opérations navales journalières de leur zone. Le concept de déstabilisation fait également partie de la doctrine iranienne. L'objectif est de recourir à l'internationalisation d'un conflit pour déstabiliser l'ennemi. Cela peut être fait en fermant le détroit d'Ormuz par exemple. De plus, la doctrine navale iranienne insiste sur la nécessité d'utiliser la géographie. La Marine iranienne *Artesh*, ancienne marine du shah transformée dans les années 1980 en marine nationale, et la Marine des

---

[191] *Iranian naval forces : a tale of two navies, op. cit.*
Michael Eisenstadt, *The strategic culture of the Islamic Republic of Iran – Religion, expedience, and soft power in an era of disruptive change,* Middle East Studies at the Marine Corps University, novembre 2015.
[192] *Iran's naval forces : from guerrilla warfare to a modern naval strategy, op. cit.*
[193] *Iranian naval forces : a tale of two navies, op. cit.*

Gardiens de la Révolution sont compétentes sur l'espace maritime iranien découpé en quatre zones : le golfe d'Oman, le golfe Persique, le détroit d'Ormuz et la Mer Caspienne. Chaque zone a sa propre géographie et donc une organisation défensive différente.[194] L'Iran a ainsi développé des tactiques différentes selon la profondeur des eaux.

À ces techniques s'ajoutent aussi celle de la dissuasion par l'organisation de grands exercices militaires dont l'Iran fait la publicité pour montrer la capacité de ses forces.[195] Enfin, la doctrine militaire iranienne est composée d'un élément moral religieux et politique. Les *Pasdaran* font le culte du djihad et du martyr. Cette dimension est capitale pour comprendre l'engagement de ces hommes pour leur pays.[196]

La modernisation de 2007

Depuis l'instauration du nouveau régime, l'Armée régulière Nationale Iranienne ou Artesh a été délaissée au profit des Gardiens, car le nouveau régime l'associe à l'ancien régime impérial et ne lui accorde pas sa confiance. Pendant la guerre contre l'Irak, l'Artesh disposait de l'entrainement nécessaire et des armes lourdes, mais ce n'est finalement pas elle qui prend le dessus dans le contrôle des opérations. Les *Pasdaran*, qui n'étaient pas encore organisés en unités militaires, aident l'Artesh à surveiller le Golfe et emploient les techniques militaires hybrides que l'on a vues. Petit à petit, les *Pasdaran* se sont mués en un corps d'armée spécialisé dans la guérilla marine. Ils prennent rapidement le dessus sur l'armée régulière, obtenant plus de financement et de prestige. Ils s'intègrent ainsi au régime politique contrairement aux officiers vétérans de

---

[194] *Iran's naval forces : from guerrilla warfare to a modern naval strategy, op. cit.*

[195] *Iranian naval forces : a tale of two navies, op. cit.*

[196] Frederic Wehrey, Jerrold D. Green, Brian Nichiporuk, Alireza Nader, Lydia Hansell, Rasool Nafisi, S.R. Bohandy, *The Rise of the Pasdaran – Assessing the domestic roles of Iran's Islamic Revolutionary Guards Corps*, RAND National Defense Research Institute, 2009.

l'Artesh.[197] De fait, les missions des *Pasdaran* deviennent plus importantes que celles de l'Artesh, bien qu'elle soit, elle, plus expérimentée. Les deux corps d'armée peinent à instaurer une relation de confiance entre eux et leur coopération se révèle compliquée. Toutefois, l'Iran comprend qu'il gagnerait justement à améliorer cette coopération. Dans ce but, en 2007, l'Iran réorganise les compétences des deux corps d'armée. C'est la première grande réorganisation de l'armée iranienne. Si elle conserve le modèle dual Artesh/*Pasdaran*, le partage des compétences est révisé. L'Artesh hérite ainsi de deux zones : le golfe d'Oman et la mer Caspienne. Puisqu'elle possède les navires les plus capables pour faire des patrouilles étendues dans les grandes eaux.[198] Elle peut donc faire des missions de reconnaissance le plus loin possible et engager l'ennemi loin du territoire iranien. Les *Pasdaran* sont compétents sur la zone du golfe Persique et du détroit d'Ormuz. Possédant des navires ayant peu d'endurance, ils sont parfaitement compétents pour mener des missions de surveillance dans les eaux peu profondes et, si nécessaire, mener des missions de harcèlement.[199] Cette répartition des tâches a pour but de réduire les conflits entre les deux armées et donc les faiblesses qu'un ennemi pourrait exploiter. À cela s'ajoute l'ouverture de deux nouvelles bases : Asalouyeh et Jask. L'Iran souhaite organiser sa ligne de défense d'une meilleure manière. Des nouvelles infrastructures militaires adaptées à des attaques des puissances régionales sont construites.[200] Elles permettent de renforcer la capacité de détection de l'ennemi et de riposte de l'Iran. Les nouvelles infrastructures construites le long de la côte du golfe d'Oman forment une ligne défensive impénétrable qui permet, en cas d'attaque, de repousser l'ennemi au plus loin du territoire iranien, hors du golfe Persique.[201]

---

[197] Moises Garduño Garcia, « Le modèle pâsdârân-artesh : préoccupations internes et défis externes dans le cadre du printemps arabe », *Maghreb - Machrek* 2012/4 (N°214), consulté le 14 février 2018, pp. 71-84.
[198] *Iranian naval forces : a tale of two navies, op. cit.*
[199] *Ibid.*
[200] Philippe Boulanger, *op. cit.*
[201] Caitlin Talmadge, *op. cit.*

Ainsi, en temps de paix, les *Pasdaran* ont trois missions principales : protéger les eaux territoriales iraniennes et les intérêts économiques iraniens (pétrole) ; surveiller et traquer les mouvements des navires de guerre étrangers ou des navires marchands dans le détroit d'Ormuz et le golfe Persique ; et s'entrainer pour se préparer à un affrontement asymétrique.[202] Tout est donc pensé en fonction de la doctrine de guerre asymétrique. La guerre Iran-Irak a servi de laboratoire d'expériences pour la nouvelle force des *Pasdaran*. Ils ont ainsi pu développer leur doctrine et l'améliorer avec le temps. L'outil naval iranien dans le détroit d'Ormuz est donc organisé de telle façon à ce que l'Iran puisse contrer toute attaque d'un ennemi plus puissant et défendre son territoire. Cependant, pour évaluer la puissance militaire des *Pasdaran* et donc de l'Iran dans le détroit, il est nécessaire de s'intéresser à ses capacités (armement, arsenal).

L'outil naval iranien dans le détroit d'Ormuz, capacités et enjeux de puissance

Pour mettre en place sa stratégie militaire, l'Iran s'est engagé dans un programme pour développer et acquérir des armes et des plateformes navales avancées. Ce programme a pour objectif de développer l'autonomie de l'Iran, de lui permettre de devenir une puissance régionale et de maintenir des mesures de dissuasion fortes.[203] Comme ce sont les Gardiens qui ont pour tâche de surveiller les activités dans le détroit d'Ormuz, nous ne nous intéresserons ici uniquement à leurs capacités et non pas à celles de l'armée nationale iranienne Artesh.

---

[202] *Iranian naval forces : a tale of two navies*, *op. cit.*

[203] *Iran's naval forces : from guerrilla warfare to a modern naval strategy*, *op. cit.*

Les capacités militaires des Gardiens de la Révolution

Le Corps de la Marine des Gardiens de la Révolution islamique est composé d'environ vingt mille soldats.[204] Dans l'ensemble, le programme de développement des capacités militaires iraniennes a permis aux *Pasdaran* d'acquérir un grand nombre de petits navires, de mines, de missiles antinavires, ainsi que des torpilles et un excellent équipement de défense aérienne. L'Iran n'a pas atteint l'autosuffisance dans le domaine militaire : il est toujours dépendant du soutien technologique des puissances étrangères comme la Russie, la Chine et la Corée du Nord.

- Navires et sous-marins

S'agissant des vaisseaux iraniens des *Pasdaran*, leur nombre n'a pas cessé d'augmenter depuis la guerre contre l'Irak. Avec le temps, les *Pasdaran* ont acquis un meilleur équipement. Dans les années 1990, ils achètent des vedettes lance-missiles longues de trente-huit mètres de type HOUDONG à la Chine avec des missiles antinavires C802. Ils reçoivent aussi des navires chinois de type C-14 dans les années 2000 : très rapides, ils peuvent transporter des missiles antinavires de courte portée et des lance-roquettes. En 2006, ils reçoivent de la Chine les patrouilleurs de classe MK 13.[205] L'Iran construit également ses propres patrouilleurs et lance-missiles PEYKAAP de première classe et PEYKAAP de seconde classe. Ils sont basés sur des plans nord-coréens. Mesurant dix-sept mètres de long, ils ont une assez grande force de frappe. De plus, depuis les années 1990, l'Iran travaille à agrandir son stock de patrouilleurs en achetant des vedettes italiennes. Les *Pasdaran* possèdent aussi des engins semi-submersibles tels que le KAJAMI acheté à la Corée du Nord : il mesure vingt mètres de long et porte 2 torpilles. Il peut se cacher pour être indétectable. Afin de moderniser leur équipement, les *Pasdaran* cherchent aussi à

---

[204] Caitlin Talmadge, *op. cit.*

[205] *Iran's naval forces : from guerrilla warfare to a modern naval strategy, op. cit.*

ajouter des navires sans équipages à leur inventaire.[206] À ces bâtiments s'ajoutent l'achat de trois sous-marins russes KILO dans les années 1990 qui sont modernes et silencieux. Puis des sous-marins nains YONO (au nombre de sept) et NAHANG (un seul). L'Iran a également construit ses propres sous-marins, les IS-120 GHADIR.[207]

- Mines

En plus des petits navires et sous-marins, les mines ont un rôle important dans la capacité militaire iranienne. En effet, la menace crédible des mines iraniennes peut avoir un rôle dissuasif. Le détroit d'Ormuz est en effet un point d'étranglement étroit qui peut être miné rapidement. Une opération de minage viendrait perturber le commerce international et porterait atteinte aux économies qui dépendent des exportations pétrolières de la région. En 1993, des négociations ont lieu avec la Chine pour acheter les EM52 qui sont des mines antinavires autopropulsées.[208] En plus, l'Iran a commencé à produire ses propres mines. En 2004, l'Iran devait avoir au moins deux mille mines d'après les estimations américaines. Les *Pasdaran* ont aujourd'hui un nombre limité de vaisseaux capables de faire des opérations de minage. Toutefois, ils ne peuvent mener de telles opérations avec les sous-marins KILO. En effet, la géographie maritime sous-marine neutralise beaucoup d'avantages des sous-marins. Le détroit n'est profond que très rarement à quatre-vingts mètres. Le sous-marin a besoin d'au moins quarante-cinq mètres de profondeur ce qui complique sa tâche. De plus, il est très difficile de se cacher dans ses eaux peu profondes. Il y a des forts courants du fait de la composition salée de l'eau et il est compliqué d'utiliser le sonar pour détecter des natives sans révéler sa propre localisation. Les sous-marins deviennent des plateformes inutilisables pour ce genre de missions ce qui explique que l'Iran en ait déplacé une grande partie dans le

---

[206] *Iranian naval forces : a tale of two navies, op. cit.*

[207] *Iran's naval forces : from guerrilla warfare to a modern naval strategy, op. cit.*

[208] *Ibid.*

golfe d'Oman.[209] L'Iran a donc dû développer des techniques non-conventionnelles pour déployer ses mines comme l'utilisation de vaisseaux de commerce et des petits navires comme nous avons pu le voir pendant la guerre Iran-Irak. De plus, même si la technologie des mines n'est pas très complexe, il est difficile de faire une opération de déminage aujourd'hui, car les mines ont des technologies de détection qui font qu'elles ne se déclenchent que pour un poids ou une pression précis. Elles sont contrôlées de loin ce qui permet à l'opérateur de s'échapper.[210] Ainsi l'Iran pourrait miner le détroit d'Ormuz rapidement et efficacement pour faire respecter sa fermeture.

- Missiles antinavires

Les Gardiens de la Révolution possèdent également des missiles antinavires. Ils sont très importants dans la capacité de défense côtière iranienne. Le plus important est le missile C801/802. Importé de Chine en 1995, il peut engager des cibles proches à six milles nautiques avec précision et s'enclenche très rapidement. En l'utilisant, l'Iran peut cibler n'importe quel point dans le détroit d'Ormuz et le golfe Persique.[211] En septembre 2008, l'Iran a testé son missile antinavires *Raad* qui a une portée de trois cents kilomètres. Sur les îles du détroit, l'Iran aurait mis des missiles sol-sol tactiques CR8 *Silwan*. De plus, l'Iran dispose de quatre-cent-cinquante missiles sol-sol *Shahab 1* et *2*. Leur portée peut atteindre cent-cinquante à cinq-cents kilomètres et toucher les bases américaines au Qatar et aux Émirats. Les *Shahab 3* dont l'Iran a fait la confection peuvent aller jusqu'à 1 300 – 1 500 kilomètres en moins de deux minutes.[212] Cet arsenal est un excellent moyen de pression et de dissuasion à l'échelle régionale.

---

[209] Caitlin Talmadge, *op. cit.*

[210] Sabahat Khan, *Iranian mining of the strait of Hormuz – plausibility and key considerations*, Institute of Near East and Gulf Military Analysis, janvier 2010.

[211] *Iran's naval forces : from guerrilla warfare to a modern naval strategy, op. cit.*

[212] Philippe Boulanger, *op. cit.*

- Aviation navale

La Marine des *Pasdaran* possède aussi un petit dispositif aérien. Les *Pasdaran* utilisent notamment les hélicoptères de type Mi-171 et AB-206 qui peuvent porter les missiles antinavires Nasr.[213]

- Grands exercices

Afin de s'entrainer et de démontrer ses capacités internationalement, l'Iran organise de très grands exercices militaires dans le détroit d'Ormuz. Appelés NOBLE PROPHET, leur objectif est de permettre à la Marine des *Pasdaran* d'exercer sa puissance de feu comme dans une situation de guerre réelle. Lors du neuvième NOBLE PROPHET en février 2015, les *Pasdaran* devaient attaquer une maquette de navire américain avec sept types d'armes dont les roquettes et torpilles. Les leaders politiques et militaires viennent observer ces démonstrations qui ne manquent pas d'avoir une couverture médiatique importante.

Les Gardiens de la Révolution possèdent donc un arsenal militaire naval compétent pour assurer la défense du territoire iranien. Il a été construit en association avec la doctrine militaire défensive iranienne qui prévoit la défense de l'Iran en cas de conflit asymétrique. L'Iran peut tout à fait freiner les échanges commerciaux internationaux et gêner les puissances régionales et plus lointaines. Toutefois, il convient de s'interroger sur l'utilisation de ces capacités par l'Iran en temps de guerre et en temps de paix.

La menace dans le détroit d'Ormuz

Il y a différents scénarios de guerre possibles. L'objectif n'est pas ici de les détailler, mais plutôt d'envisager une guerre (peu importe les aspects qu'elle pourrait prendre). Avec ses capacités actuelles, l'Iran peut endommager le dispositif américain dans la région. La puissance iranienne a donc une

[213] *Iranian naval forces : a tale of two navies, op. cit.*

capacité de nuisance qu'il nous faut prendre en compte pour évaluer la menace iranienne dans le détroit d'Ormuz. Même si l'Iran n'a pas intérêt à bloquer le détroit parce qu'il est dépendant de ses exportations, il pourrait être amené à le faire ce qui poserait de sérieux problèmes pour le commerce international et pourrait entrainer une guerre. Dans le contexte actuel de conflit en Syrie, au Yémen et des tensions récurrentes entre Israël et les territoires palestiniens, le Moyen-Orient est une zone à risques et il se pourrait qu'un évènement comme une frappe de la coalition internationale contre une position iranienne en Syrie ou même, chose qui a déjà eu lieu, le bombardement par Israël d'installations iraniennes en Syrie, déclenche la fermeture du détroit par l'Iran comme il avait essayé de le faire pendant la guerre contre l'Irak. L'escalade de la violence dans un conflit comme celui-ci serait alors possible.

Toutefois, face à une guerre, l'Iran connaît ses capacités et ses chances de victoire. S'il a justement développé une doctrine militaire défensive, c'est pour se préparer à un conflit asymétrique dans lequel il serait en position de faiblesse. Mais justement, il se prépare à résister à une première attaque. Fort de ses deux armées aux capacités différentes, il pourrait répliquer et tenir quelque temps. Mais les capacités iraniennes sont loin d'être au niveau des capacités américaines. Or si une guerre éclate dans le détroit d'Ormuz, et ce dans le contexte actuel où Donald Trump a décidé de se retirer de l'accord sur le nucléaire réinstaurant de ce fait les sanctions contre l'Iran, il est fort probable que les États-Unis interviendraient, ne serait-ce que pour protéger leurs alliés saoudiens et israéliens. Ces considérations prises en compte, il faut donc s'interroger sur l'utilité du détroit d'Ormuz pour l'Iran. Si déclencher un conflit pourrait certes bénéficier à l'Iran d'une certaine façon (gain de crédibilité dans la région), il n'est certainement pas dans l'intérêt de l'Iran de le faire sur un temps long, les coûts étant trop importants pour lui. Alors, comment le détroit d'Ormuz est-il intégré à la stratégie militaire et politique iranienne ? Comme nous l'avons vu, la stratégie militaire autour du détroit d'Ormuz est une stratégie de déni d'accès. Mais ce qui pèse surtout dans cette stratégie c'est la menace du déni d'accès et non le déni d'accès en lui-même. Tout repose donc sur la dissuasion. La grande stratégie qui entoure le détroit d'Ormuz est donc une stratégie à la fois politique et militaire qui permet à l'Iran de menacer d'un conflit. Dans quels buts ? Quels sont les avantages de l'Iran à utiliser cette stratégie ? Mis à part le fait qu'en réalité c'est peut-être une des seules stratégies que l'Iran peut utiliser au vu de ses capacités militaires (sans parler du nucléaire), la stratégie de dissuasion autour du détroit d'Ormuz permet à l'Iran d'obtenir ce qu'il recherche par-dessus tout : exister sur la scène régionale et internationale. Grâce au détroit d'Ormuz, l'Iran acquiert un poids dans la région et dans le monde. Comme il sait qu'il ne pourra pas se défendre si un ennemi comme les États-Unis les attaquent sur leur territoire (bien que la potentialité d'une telle attaque soit à débattre bien entendu, nous formulons ici des hypothèses), il fait tout pour empêcher de manière préventive une telle attaque. Faisant cela, il réduit la menace qui pèse sur lui. Cette stratégie de dissuasion fait partie du concept de défense passive que nous avons vu plus haut. Par tous les moyens, l'Iran se prépare à une attaque-surprise. Quoi de plus efficace que de dissuader un potentiel ennemi de réaliser une potentielle attaque ? Cependant, si cette stratégie diminue la menace qui pèse sur l'Iran, elle augmente de fait celle qui pèse sur tout ennemi de l'Iran. Or pour que la dissuasion reste efficace, elle doit rester crédible. L'Iran ne peut donc pas utiliser la carte de la fermeture du détroit d'Ormuz pour chaque situation dans laquelle il est désavantagé. Et pour rester crédible, il faut continuer de représenter une menace. Comment ? Par exemple, en se positionnant comme il l'a fait dans les conflits régionaux, l'Iran est perçu comme une menace par les acteurs régionaux de l'autre camp et comme un acteur à prendre en compte par les puissances étrangères non régionales. S'il est intervenu dans des pays comme la Syrie, c'est d'abord parce qu'il soutient le régime syrien, mais aussi parce qu'il y a vu un atout pour avoir un rôle régional. De fait, l'Iran devient un acteur menaçant. De plus, la crédibilité de la menace passe aussi par la réalisation de grands exercices militaires, ou par le maintien du secret sur les réelles capacités de leurs sous-marins confectionnés par leurs soins (ne connaissant pas leurs capacités, il est plus intelligent de les penser comme très compétents que l'inverse). Donc il y a effectivement une menace iranienne sur le détroit d'Ormuz, mais il faut s'intéresser plus à la manière dont cette menace est utilisée qu'à la manière dont elle va s'exécuter.

Le détroit d'Ormuz est au cœur de la stratégie militaire iranienne. Pour le défendre et l'utiliser, l'Iran a modernisé son outil naval depuis les années 1970. Celui-ci a grandement évolué. Sous le dernier shah, la majorité des équipements de l'armée impériale provenaient des États-Unis. L'armée iranienne était alors extrêmement bien équipée. Lorsque le régime change en 1979, l'armée évolue aussi. Elle devient duale avec l'Armée de la République islamique et le corps des Gardiens de la Révolution islamique. Ces deux entités ont des responsabilités et des capacités différentes. Ce sont les Gardiens, les *Pasdaran*, qui s'occupent de la région du golfe Persique et donc du détroit d'Ormuz. Le détroit est un atout stratégique pour l'Iran, car il offre un point de vue sur toutes les entrées et sorties du Golfe. Avec la naissance de ce nouvel outil naval, l'Iran a également développé une nouvelle doctrine. Cette doctrine est le produit *ad hoc* de la guerre contre l'Irak. Elle s'est construite progressivement après observation des diverses interventions militaires américaines dans le monde. Elle est donc aussi le produit d'une certaine mémoire de la guerre Iran-Irak. Défensive, elle repose sur le concept de guerre asymétrique et vise à imposer des coûts importants pour tout ennemi qui souhaite attaquer l'Iran. Les capacités de cet outil naval sont en amélioration. L'Iran utilise ses bonnes relations avec la Chine, la Corée du Nord et la Russie pour leur acheter des vaisseaux modernes et d'une efficacité redoutable. Mais plus encore que ces vedettes rapides, ce sont les mines et les missiles qui font de l'Iran une véritable menace. Toutefois, il est nécessaire de ne pas oublier que l'Iran n'a pas intérêt à fermer le détroit ni à enclencher une guerre. Sa défense repose essentiellement sur de la dissuasion. L'outil naval iranien est donc en constante évolution et la menace iranienne est à prendre en considération.

* * *

Le détroit d'Ormuz est un espace catalyseur de menaces. Il concentre en effet des tensions entre divers États de la région ainsi que des enjeux internationaux. Sur cet espace, divers conflits s'entrecroisent sans pour autant se transformer en guerre pour le moment. Le détroit d'Ormuz est un nœud. Commercial, certes, mais surtout politique et militaire. Le contrôle du détroit revêt donc un caractère stratégique. Il pousse les pays à se disputer pour son contrôle. Dans cette logique, comme nous l'avons vu, l'Iran s'est imposé sur les trois îles d'Abu Musa, de la Petite et de la Grande Tomb. Il a notamment revendiqué son passé persique sur ces trois îles. Encore une fois, cette représentation persique propre à l'Iran a joué un rôle dans les prétentions territoriales iraniennes. Le golfe Persique est pour l'Iran une ligne de défense capitale notamment face aux États-Unis. En effet, lorsque les Américains sont intervenus dans la guerre Iran-Irak, ils ont été confrontés à la puissance iranienne qui avait fait du détroit d'Ormuz un espace restreint propre à son territoire. Lors des affrontements entre les deux puissances dans la guerre des tankers, l'infériorité iranienne face au géant américain a été démontrée. L'Iran a ensuite tiré des leçons cruciales de ces affrontements pour son développement futur. En effet, il a ensuite adopté une doctrine militaire de défense centrée sur les aspects d'un conflit asymétrique. Prenant conscience de ses faiblesses, l'Iran a cherché depuis lors à s'armer avec ses propres moyens pour acquérir un système de défense efficace. La modernisation de son outil naval avait déjà débuté dans les années 1970 sous Mohammad-Reza Shah Pahlavi comme nous avons pu le voir. Elle s'est poursuivie avec un élan plus prononcé après la guerre contre l'Irak. Les Pasdaran assurent aujourd'hui la défense du détroit d'Ormuz et ont de grandes capacités militaires notamment grâce à leurs mines. Le développement de cet outil naval a été permis grâce à la guerre Iran-Irak et il est aujourd'hui nécessaire pour l'Iran au vu de l'importance des États-Unis dans la région et de leurs relations avec les pays du Golfe ennemis de l'Iran. Face à ces menaces pour l'Iran, celui-ci s'est donc assuré d'avoir un meilleur équipement. De fait, cela a poussé les pays du golfe Persique à moderniser eux-aussi leurs armées. Tout cela conduit à une sécurisation et militarisation accrue du détroit d'Ormuz, chacun épiant les faits et gestes de l'autre. Dans ce contexte, l'Iran utilise sa position sur le détroit et ses capacités militaires comme moyen de dissuasion pour empêcher toute attaque sur son territoire. Le détroit est donc bien le fer de lance de la puissance iranienne dans le golfe Persique.

Cependant, si le détroit d'Ormuz peut être utilisé comme moyen de dissuasion pour affaiblir l'ennemi en temps de guerre ou pour empêcher une guerre, il peut aussi être utilisé d'une autre manière en temps de paix : comme un outil de coopération.

– III –
Ormuz, outil de coopération pour l'Iran

Théâtre de guerre dans les années 1980, catalyseur de tensions, le détroit d'Ormuz est un espace au cœur de nouvelles conflictualités. Pendant la guerre Iran-Irak, nous l'avons vu, il est devenu une réelle ligne de front sur laquelle l'Iran, l'Irak et les États-Unis se sont affrontés. Depuis les années 1970, l'Iran a fait de cet espace la première ligne de défense de son territoire, utilisant la possession de ces eaux territoriales comme un atout dans sa défense côtière et faisant du détroit un dispositif crucial comme point d'appui et de projection en temps de guerre. Le détroit est depuis un espace de surveillance pour l'Iran, il lui permet de voir « au loin »[214] *et de s'adapter à toute menace. Conscient de ses capacités, l'Iran se prépare à un conflit asymétrique dans lequel il lui faudrait repousser une invasion étrangère. La dissuasion est un des éléments clés de sa doctrine militaire défensive. Elle utilise le détroit d'Ormuz pour empêcher toute attaque. Ce détroit est donc un élément capital de l'utilisation de cette stratégie dissuasive. Il permet à l'Iran d'avancer ses positions stratégiques en Syrie et au Yémen notamment, d'avoir du poids dans la scène régionale et de pouvoir apparaître suffisamment menaçant aux yeux des autres puissances pour les dissuader. Toutefois, le détroit d'Ormuz est aussi un espace d'échanges pacifiques. Il peut être utilisé par l'Iran comme un atout d'apaisement et un outil de coopération. En effet, tout outil de dissuasion peut être manié de différentes manières : en tant que menace pour réduire la potentialité d'un conflit, mais aussi en tant que vecteur de dialogue alors que le contexte international est tendu. Cette dimension coopérative*

[214] Pierre Briant, *op. cit.*, p. 191.

de la politique iranienne dans le détroit d'Ormuz doit être étudiée afin de comprendre comment l'Iran fait de cet espace géographique le facteur d'une coopération régionale aboutie et intéressante pour le développement de l'Iran en tant que puissance régionale. Le détroit peut donc être un vecteur de coopération et de réduction des tensions notamment s'agissant des questions du nucléaire iranien. Le détroit est également un pont entre l'Iran et Oman, relation fructueuse et bénéfique pour l'Iran. Enfin, il peut aussi servir à développer de nouvelles relations régionales (Chine et Inde).

1
Ormuz, de la dissuasion à l'apaisement dans les négociations sur le nucléaire iranien

Le dossier du nucléaire iranien est l'une des problématiques les plus brûlantes des relations internationales actuelles. Depuis le début des années 2000, le fait que l'Iran puisse devenir une puissance nucléaire a contribué à le faire apparaître comme une menace absolue que les puissances étrangères, et notamment les États-Unis, doivent neutraliser. Dans un contexte de guerre contre le terrorisme au Moyen-Orient, l'Iran a été montré du doigt comme une puissance du mal, un état voyou.[215] Si les États-Unis ont réagi plus tôt que la communauté internationale, celle-ci a rapidement souhaité ouvrir des négociations avec l'Iran au sujet du nucléaire. L'idée d'un Iran nucléaire, alors que d'autres pays du Moyen-Orient comme l'Irak représentaient alors une menace pour le monde, n'a fait qu'accroître la volonté américaine de lutter contre l'Iran et a endommagé les relations déjà affaiblies depuis les années 1980 entre l'Iran et les États-Unis.

Le parcours des négociations qui a mené à la signature du *Joint Comprehensive Plan of Action,* ou accord de Vienne sur le nucléaire iranien, le 14 juillet 2015, a été long, complexe et difficile. Dans ces négociations, l'Iran a lutté pour préserver ses acquis scientifiques et éviter le démantèlement de son industrie nucléaire civile. De manière surprenante, le détroit d'Ormuz s'est révélé être un atout dans ces négociations. L'objectif de ce chapitre est d'étudier comment l'Iran a utilisé le détroit pour obtenir le meilleur accord possible sur la question du nucléaire.

---

[215] « *States like these, and their terrorist allies, constitute an axis of evil, arming to threaten the peace of the world. By seeking weapons of mass destruction, these regimes pose a grave and growing danger.* »
George W. Bush, Discours sur l'état de l'Union, *op. cit.*

La question du nucléaire iranien et ses enjeux pour l'Iran

Histoire du programme nucléaire iranien

Le programme nucléaire iranien ne date pas des années 1980 ni des années 2000. Il remonte à une période plus lointaine. En effet, c'est dans le contexte des relations entre l'Iran et les États-Unis que ce programme va être développé par l'Iran. En 1957, les États-Unis et l'Iran passent un accord de coopération pour développer le programme civil de recherche nucléaire iranien.[216] En 1960, l'Iran se lance dans la création de son premier réacteur dans le cadre de son programme *Atom for Peace*. En 1968, l'Iran est un des premiers pays à signer le Traité de Non-Prolifération nucléaire (TNP). Sous l'impulsion du dernier shah, Mohammad-Réza Pahlavi, l'Iran lance un programme ambitieux du nucléaire civil en 1974. Ce programme laisse la possibilité de développer l'option nucléaire militaire dans le futur. Cela a donc toujours été prévu par l'Iran. Ce programme inclut la formation d'ingénieurs iraniens en Allemagne, aux États-Unis et en France ainsi que la construction par l'Allemagne et la France de deux centrales nucléaires en Iran. De plus, l'Iran devient actionnaire de l'usine d'enrichissement de l'uranium Eurodif. En 1978, le programme est interrompu puis il sera abandonné par la République islamique pendant les premières années.

C'est au cours de la guerre Iran-Irak que l'Iran décide d'enclencher de nouveau son programme nucléaire. Il s'agit de faire face à un Irak qui possèderait l'arme nucléaire. En 1982, l'Iran relance son programme, rappelle ses ingénieurs qui avaient été auparavant licenciés, et achète de l'uranium à l'Union Sud-Africaine et la Chine. La Chine lui fournit un nouveau réacteur de recherche et le Pakistan des centrifugeuses pour enrichir l'uranium. Après la défaite de l'Irak au Koweït, l'Iran n'arrête pas son programme clandestin militaire et développe fortement son programme civil. Lorsque Khatami

[216] Bernard Hourcade, *op. cit.*, pp. 180-183.

entre en fonction en 1997, il nomme Gholam-Reza Aghazadeh directeur de l'Organisation de l'énergie atomique d'Iran. Il avait été ministre du pétrole en 1985. Cela marque l'ambition nationaliste de prestige technologique de l'Iran. Ce projet n'est donc pas un projet idéologique ou impérialiste. En 2002, le programme est dévoilé lorsqu'on découvre l'usine d'enrichissement de l'uranium de Natanz, capable de recevoir cinquante mille centrifugeuses. Ce n'est pas une infraction formelle au TNP, mais cela révèle les ambitions nucléaires militaires de l'Iran. C'est le début de la crise du nucléaire iranien.

Les négociations

L'envergure et la sophistication du programme nucléaire iranien ainsi que sa dissimulation poussent un certain nombre de pays à réagir. En 2003, la France le Royaume-Uni et l'Allemagne décident d'engager des négociations avec l'Iran afin de parvenir à un accord. Celui-ci est trouvé rapidement. L'Iran accepte de suspendre l'enrichissement de l'uranium et de se soumettre à des contrôles très stricts (inscrits dans le protocole additionnel du TNP).[217] En échange, il obtient des garanties de sécurité pour le développement de son nucléaire civil.[218] Les États-Unis sont réticents à négocier. Ils rejettent tout contact avec le gouvernement iranien. Alors que les deux pays coopéraient en Afghanistan, leur dialogue est rompu en mai 2003.[219] N'étant donc pas appuyé par les États-Unis puissance-clé pour toute négociation, l'accord ne survit pas. En août 2005, l'Iran reprend la conversion de l'uranium. C'est la dernière action du président Katamy. Le nouveau président, Mahmoud Ahmadinejad, contribue à renforcer les tensions au sujet du nucléaire. Il limite les inspections de l'Agence Internationale de l'Énergie Atomique (AEIA) et les tensions

---

[217] Suzanne Maloney, Guylaine Vivarat, « Téhéran/Washington : une relation immobile ? », *Politique étrangère* 2011/3 (Automne), pp. 573-585. https://www.cairn.info/revue-politique-etrangere-2011-3-page-573.htm

[218] Bernard Hourcade, *op. cit.*, p. 184.

[219] Suzanne Maloney, Guylaine Vivarat, *op. cit.*

avec Israël se multiplient sous son mandat. Les négociations sont rompues et la communauté internationale est dans une impasse. En 2006, les États-Unis se joignent aux pays européens pour demander une action internationale du Conseil de sécurité des Nations Unies. En juin 2006, après une dernière proposition rejetée par l'Iran, le Conseil de sécurité prend les résolutions 1696, 1737 et 1747 qui imposent des sanctions contre l'Iran.[220] Ce sont les premières sanctions internationales prises contre l'Iran. Elles instaurent un embargo économique contre les exportations et importations de la puissance iranienne.[221] En réaction, l'Iran résiste politiquement et économiquement par tous les moyens possibles. Les négociations connaissent plusieurs moments de fortes tensions surtout sous les présidences Bush et Ahmadinejad. En juillet 2010, le *Comprehensive Iran Sanctions and Divestment Act* pénalise les fournisseurs de pétrole raffiné à l'Iran.[222] Le commerce entre l'Iran et les pays occidentaux chute donc. Lorsque Barack Obama et Hassan Rouhani sont élus, la situation évolue vers un renouveau du dialogue. Les États-Unis persévèrent dans leur stratégie du *dual-tracks* c'est-à-dire mener de front des sanctions et des négociations. L'Iran est devenu un État du seuil c'est-à-dire qu'il pourrait devenir un producteur de matière fissile comme l'Argentine ou le Brésil et pourrait donc fabriquer une arme nucléaire dans les prochaines années. Grâce à la présence de John Kerry et à l'implication du sultanat d'Oman dans les négociations, la situation se débloque.[223] Après des contacts informels en 2012, des discussions directes ont lieu entre les ministres des Affaires étrangères iraniens et américains. Le premier accord du 24 novembre 2013 pose les bases de l'accord de Vienne de 2015. Le 14 juillet 2015, le *Joint Comprehensive Plan of Action*

---

[220] Anthony Cordesman, Gold Bryan, Coughlin-Schulte Chloe, *Iran : sanctions, energy, arms control, and regime change*. Center for Strategic and International Studies, Washington, 2014.

[221] Bernard Hourcade, *op. cit.*, p. 184.

[222] Jean-François Daguzan, « L'Iran nucléaire : le moment de décision ? », *Les Cahiers de l'Orient* 2010/3 (N° 99), pp. 91-102. https://www.cairn.info/revue-les-cahiers-de-l-orient-2010-3-page-91.htm

[223] Bernard Hourcade, *op. cit.*, p. 186.

(JCPOA) ou *Barjam* en persan est accepté par l'Iran. Il prévoit la levée des sanctions et le contrôle de l'activité nucléaire iranienne. L'Iran s'engage à réduire le nombre de ses centrifugeuses à 5 060 pour l'enrichissement de l'uranium à 5% maximum, à fermer le site de Fordow qui servira uniquement à la recherche, et à reconfigurer le réacteur d'Arak pour qu'il ne produise plus de plutonium. Toute recherche sur l'enrichissement est interdite. En échange, l'Iran bénéficie de l'aide de l'AEIA (l'Agence Internationale de l'Énergie Atomique) pour son programme nucléaire civil. Ces mesures sont imposées pour huit à quinze ans et leur respect est contrôlé régulièrement par l'AEIA. La crise du nucléaire iranien semble être réglée. Toutefois, le 8 mai 2018 le président américain Donald Trump décide de sortir de l'accord sur le nucléaire.[224] Il souhaite réaliser un nouvel accord qui réduise la capacité nucléaire iranienne. Les pays européens (France, Royaume-Uni et Allemagne) et l'Iran souhaitent rester dans l'accord. Toutefois, les États-Unis ont déjà lancé de nouvelles sanctions contre un des réseaux de financement des Gardiens de la Révolution islamique. Elles visent six individus iraniens et trois entités accusés de faire partie d'un réseau d'échange de devises ayant fourni et transféré des millions de dollars à la force Al-Qods des Gardiens.[225] Le futur de l'accord JCPOA n'est pas encore déterminé.

[224] « Donal Trump annonce le retrait des États-Unis de l'accord sur le nucléaire iranien », *Le Monde*, 8 mai 2018. http://abonnes.lemonde.fr/ameriques/article/ 2018/05/08/donald-trump-annonce-le-retrait-des-etats-unis-de-l-accord-sur-le-nucleaireiranien_5296297_3222.html?xtmc=nucleaire_iranien&xtcr=58

[225] « Premières sanctions américaines depuis la sortie des États-Unis de l'accord sur le nucléaire iranien », *Le Monde*, 10 mai 2018. http://abonnes.lemonde.fr/ international/article/2018/05/10/premieres-sanctions-americaines-depuis-la-so rtie-des-etats-unis-de-l-accord-sur-le-nucleaire-iranien_52972263210.html?xt mc=nucleaire_iranien&xtcr=38

Les tensions sur Ormuz pendant les négociations sur le nucléaire

La crise de 2011 – 2012

En décembre 2011, alors que l'Iran ne cède toujours pas en faveur d'un accord sur le nucléaire, les États-Unis décident de sévir. Ils annoncent la mise en place de sanctions plus dures sur les exportations pétrolières de l'Iran. En réaction à ces annonces, le Premier ministre iranien Mohammad-Reza Rahimi menace de fermer le détroit d'Ormuz à la circulation internationale si des sanctions visant les exportations pétrolières iraniennes sont mises en place. Il déclare ainsi : « S'ils imposent des sanctions sur les exportations iraniennes, alors aucune goutte de pétrole ne pourra passer dans le détroit d'Ormuz. »[226]. Le Commandant de la Marine iranienne Habibollah Sayyari déclare le 28 décembre 2011 :

> « *Fermer le détroit d'Ormuz est vraiment facile. [...] Comme le disent les Iraniens, c'est plus facile que de boire un verre d'eau.* »[227]

Face à cette communication dissuasive, la France rappelle alors à l'Iran que le détroit est un détroit international. Tous les navires bénéficient donc du droit de passage en transit, selon la Convention des Nations Unies sur le droit de la mer adoptée en 1982.[228] La Ve flotte américaine stationnée au Bahreïn réagit en

[226] David E. Sanger, Annis Lowrey, « Iran threatens to block oil shipments, as U.S. prepares sanctions », *The New York Times*, 27 décembre 2011, consulté le 21 mai 2018. https://www.nytimes.com/2011/12/28/world/ middleeast/iran-threatens-to-block-oil-route-if-embargo-is-imposed.html

[227] « L'Iran menace de fermer le détroit d'Ormuz au pétrole en cas de sanctions », *Le Monde*, 27 décembre 2011, consulté le 21 mai 2018. http://abonnes.lemonde.fr/proche-orient/article/2011/12/27/l-iran-menace-de-fermer-le-detroit-d-ormuz-au-petrole-en-cas-de-sanctions_1623159_3218.html

[228] *Convention de Montego Bay sur le droit de la Mer*, Organisation des Nations Unies, mars 1982.

annonçant être prête à contrer toute action iranienne dans le détroit.[229] Le 31 décembre 2011, la Marine iranienne teste alors ses différents types de missiles courte et longue portée et effectue des manœuvres navales autour du détroit d'Ormuz.[230] Ces démonstrations de force font monter la peur d'un conflit avec l'Iran, provoquant une inflation des prix du pétrole faisant passer le prix du baril de cinq à dix dollars.[231] À partir de début janvier 2012, le Parlement iranien annonce qu'il prépare une loi qui interdirait le passage dans le Golfe aux navires étrangers s'ils n'ont pas reçu la permission d'entrer par la Marine iranienne.[232] Les *Pasdaran* demandent également au porte-avion américain l'*USS John C. Stennis* de ne pas retourner dans le Golfe après qu'il en soit sorti. Le 6 janvier 2012, le Commandant des forces navales des Gardiens de la Révolution, Ali Fadavi, annonce la tenue d'un grand exercice *Noble Prophet*. Il déclare que celui-ci sera différent des précédents sans donner plus de détails, jouant ainsi sur la peur qu'il peut provoquer chez les adversaires.[233] L'Iran fait donc clairement de la dissuasion en comptant sur ces effets d'annonce. Il utilise

---

229 « US warns Iran over threat to block oil route », *BBC News*, 28 décembre 2011, consulté le 21 mai 2018. http://www.bbc.com/news/world-middle-east-16348633

230 « Tensions autour du détroit d'Ormuz alors que l'Iran s'apprête à tester des missiles », *Le Monde*, 30 décembre 2012, consulté le 21 mai 2018. http://abonnes.lemonde.fr/proche-orient/article/2011/12/30/tension-autour-du-detroit-d-ormuz-alors-que-l-iran-s-apprete-a-tester-des-missiles_1624473_3218.html

231 John Warrick, Steven Mufson, « Iran threatens U.S. ships, alarms oil markets », *The Washington Post*, 3 janvier 2012, consulté le 21 mai 2018. https://www.washingtonpost.com/world/national-security/iran-in-new-provocation-threatens-us-ships/2012/01/03/gIQAzEiGZP_story.html?utm_term=.b42c5227a183

232 Thomas Erbring, « Iran prepares bill to bar foreign warships from Persian Gulf », *The Washington Post*, 4 janvier 2012, consulté le 22 mai 2018. https://www.washingtonpost.com/world/middle_east/iran-prepares-bill-to-bar-foreign-warships-from-persian-gulf/2012/01/04/gIQAhlWYaP_story.html?nore direct=on&utm_term=. f9937fcf2c02

233 « Iran threatens new war games in the oil lanes of the Gulf », *The Telegraph*, 6 janvier 2012, consulté le 22 mai 2018. https://www.telegraph.co.uk/news/ worldnews/middleeast/iran/8996819/Iran-threatens-new-war-games-in-the-oil-lanes-of-the-Gulf.html

le détroit pour effrayer les puissances dépendantes de son pétrole. Le 12 janvier 2012, un spécialiste iranien du nucléaire est victime d'un attentat. L'Iran menace alors d'utiliser toute sa force contre les navires américains dans le Golfe. Les États-Unis décident d'envoyer leur second porte-avion l'*USS Carl-Vinson.*[234] Renvoyés au rôle qu'ils jouaient dans la guerre Iran-Irak, les États-Unis promettent de garantir la libre circulation dans le détroit. Les tensions entre l'Iran et les États-Unis augmentent encore lorsque deux bâtiments militaires américains sont pris en chasse par des vedettes iraniennes dans le détroit, toujours au mois de janvier.[235] Face à cela, le Royaume-Uni, la France et les États-Unis décident d'envoyer des navires pour sécuriser le détroit.[236] Le Royaume-Uni envoie sa frégate HMS *Westminster* et la France *La Motte-Piquet*. Pour se préparer à une attaque de l'Iran, vingt-cinq pays envoient également leurs navires réaliser un exercice géant dans le Golfe.[237] En novembre 2012, l'Iran annonce que sa Marine va intensifier sa présence dans le Golfe pour renforcer son autorité sur les trois îles revendiquées par les Émirats : Abu Musa, la Petite Tomb et la Grande Tomb.[238] Fin décembre 2012, la Marine iranienne débute son exercice *Velayat 91* dans le détroit. En réponse, l'US

---

[234] Isabelle Lasserre, « Iran-États-Unis : le détroit d'Ormuz sous haute tension », *Le Figaro*, 12 janvier 2012, consulté le 16 février 2018. http://www.lefigaro.fr/international/2012/01/12/01003-20120112ARTFIG00628-iran-etats-unis-le-detroit-d-ormuz-sous-haute-tension.php

[235] Barbara Starr, « Official : U.S. vessels harassed by high-speed Iranian boats », *CNN*, 14 janvier 2012, consulté le 22 mai 2018. https://edition.cnn.com/2012/01/13/us/iran-boats-tensions/index.html

[236] David Blair, « Britain, US and France send warships through Strait of Hormuz », *The Telegraph*, 23 janvier 2012, consulté le 22 mai 2018. https://www.telegraph.co.uk/news/worldnews/middleeast/iran/9031392/Britain-US-and-France-send-warships-through-Strait-of-Hormuz.html

[237] Sean Rayment, « Armada of international naval power massing in the Gulf as Israel prepares an Iran strike », *The Telegraph*, 15 septembre 2012, consulté le 22 mai 2018. https://www.telegraph.co.uk/news/worldnews/middleeast/iran/9545597/Armada-of-international-naval-power-massing-in-the-Gulf-as-Israel-prepares-anIra n-strike.html

[238] « L'Iran renforce sa présence navale près de trois îles du Golfe », *20 minutes*, 4 novembre 2012, consulté 22 mai 2018. https://www.20minutes.fr/monde/1035414-20121104-iran-renforce-presence-navale-pres-trois-iles-golfe

Navy double le nombre de ses dragueurs de mines et de ses patrouilleurs pour dissuader l'Iran de poser des mines dans le détroit, ce qu'il avait fait dans la guerre Iran-Irak.[239] Les États-Unis espèrent alors rassurer Israël qui est persuadé que l'Iran prépare une bombe nucléaire et qui se prépare à lancer une frappe préventive contre l'Iran. Après ces évènements, les tensions retombent jusqu'en mars 2017 lorsqu'un navire américain non armé voit sa route bloquée par des vedettes des Gardiens iraniens. Ils forcent le vaisseau américain à changer de trajectoire. Selon les *Pasdaran*, le vaisseau serait sorti du couloir de circulation internationale, mais il n'est pas certain qu'il soit entré sur les eaux territoriales iraniennes. Selon les Iraniens, les Américains étaient en mission de surveillance des tests de missiles récents dans les eaux iraniennes. Le vaisseau américain *Invicible* était donc positionné pour espionner les activités iraniennes sur le détroit.[240]

Le détroit et la dissuasion pour le nucléaire

Le mois de janvier 2012 marque un pic de tension entre l'Iran et les pays avec lesquels il est en train de négocier pour son programme nucléaire. Alors qu'il risque de voir ses exportations de pétrole menacées, l'Iran utilise le détroit d'Ormuz pour faire disparaître ces menaces. L'idée est intelligente : puisqu'on le menace de ne pas pouvoir exporter, il menace ses clients de ne plus les fournir en pétrole et de fermer toute liaison avec les autres pays exportateurs de pétrole. La boucle se referme donc sur les pays occidentaux. Ensuite, ces derniers renchérissent, clamant leur supériorité technologique. Ils pourraient donc forcer l'Iran à maintenir le détroit ouvert et l'empêcheraient dans le même temps de réaliser ses

---

[239] Thom Shanker, Eric Schmitt, David E. Sanger, « U.S. adds forces in Persian Gulf, a signal to Iran », *The New York Times*, 4 juillet 2012, consulté le 22 mai 2018. https://www.nytimes.com/2012/07/03/world/ middleeast/us-adds-forces-in-persian-gulf-a-signal-to-iran.html

[240] Farzin Nadimi, « Is Iran attempting to thwart U.S. naval surveillance of its missile tests ? », *The Washington Institute*, 9 mars 2017, consulté le 22 mai 2018. http://www.washingtoninstitute.org/policy-analysis/view/is-iran-attempting-to-thwart-u.s.-naval-surveillance-of-its-missile-tests

exportations. Les deux camps font alors diverses démonstrations de force pour rendre leurs menaces crédibles. Sur le long terme, l'Iran et les États-Unis arrivent à s'entendre puisque c'est en 2013 que les négociations commencent à fonctionner entre les deux pays au sujet du nucléaire iranien. Finalement, après une montée des tensions, l'Iran bénéficie d'un contexte favorable dans lequel, à partir de 2015 et 2016, il peut exporter librement et s'ouvrir au commerce international. Ce pic de tensions autour du détroit d'Ormuz lui a donc servi à montrer qu'il pouvait lui aussi gêner le commerce international et que les autres pays avaient tout intérêt à négocier avec lui. On peut même pousser l'analyse plus loin et se demander si l'Iran n'a jamais eu des intentions belliqueuses et si ses stratèges n'avaient pas justement choisi d'utiliser la fermeture du détroit comme menace pour qu'à long terme l'Iran soit gagnant dans les négociations. Tout dépend de si l'on se place à court ou long terme. À court terme, le détroit d'Ormuz permet à l'Iran de répondre de manière égale à la menace qui lui est faite. C'est ce qu'on appelle l'équilibre de la menace. Cet équilibre est important dans la stratégie de dissuasion, car il permet d'obtenir une situation stable malgré des tensions. À long terme, l'Iran se libère des sanctions internationales qui avaient été érigées contre lui depuis le début des années 2000. Dans le contexte actuel où les États-Unis se retirent du JCPOA, il est tout à fait possible que des tensions ressurgissent dans le détroit d'Ormuz.

Le détroit d'Ormuz a donc été utilisé par l'Iran comme un outil qui permet à terme la coopération sur le programme nucléaire iranien. Il peut donc aussi être utilisé par l'Iran pour pacifier une situation. Parce qu'il a fait monter les tensions autour du détroit, la communauté internationale a choisi d'ouvrir une autre voie diplomatique plutôt que de s'engager dans l'engrenage d'une guerre. Il est évident que ce n'est pas uniquement cela qui a permis d'arriver au JCPOA, d'autres facteurs sont à ajouter comme la présence de Barack Obama et d'Hassan Rouhani dans les négociations ou le rôle du sultanat d'Oman que nous étudierons par la suite. Mais l'utilisation d'Ormuz a eu un effet notable.

Dans le cadre des négociations sur le dossier nucléaire iranien, le détroit d'Ormuz s'est révélé être un vecteur de la coopération internationale entre l'Iran et les pays leaders des négociations P5+1 (États-Unis, Royaume-Uni, France, Chine, Russie et Allemagne). Il a permis à l'Iran de faire monter les tensions alors qu'il était lui-même menacé de subir de nouvelles sanctions économiques. Grâce à l'accord de 2015, l'Iran obtient une place nouvelle dans le commerce international. Le détroit d'Ormuz est donc un outil de négociation pour l'Iran. Il lui permet également de développer des liens avec d'autres pays du fait de sa position stratégique.

2
L'Iran et Oman, « Gardiens » du détroit : un partenariat stable

Longtemps sous domination britannique, le sultanat d'Oman est aujourd'hui une des puissances en devenir de la péninsule arabique. Pays rentier, il dispose de la troisième armée la plus importante des pays du golfe Persique. Tout comme l'Iran, il possède une position stratégique, à l'ouverture du golfe Persique, vers le golfe d'Oman et l'océan Indien, sur le détroit d'Ormuz. Situé de l'autre côté du détroit, sur la péninsule arabique, Oman veille donc lui aussi sur le passage de ce couloir maritime stratégique.

Depuis les années 1970, l'Iran et le sultanat d'Oman ont développé des relations de coopération importantes. Les deux pays se voient comme les Gardiens du détroit d'Ormuz, ayant chacun des responsabilités en matière de surveillance et de sécurité. Oman a lui aussi réalisé l'importance que le détroit peut avoir dans un monde où les échanges sont capitaux pour la survie des pays. Au fil des ans, cette relation bilatérale devient un réel partenariat. Oman se révèle être un véritable atout pour l'Iran dans le détroit. Ce partenariat est devenu crucial pour l'Iran pour diverses raisons que nous allons étudier ici.

Les années 1970 : les débuts d'une relation bilatérale

L'Iran, soutien du sultan Qabous

En 1962, les Dhofaries, peuple d'Oman vivant à la frontière avec le Yémen, se soulèvent contre le pouvoir central du gouvernement de Mascate qui les délaisse.[241] En 1964, ils

[241] Alexandre Mouthon, « Géopolitique d'Oman : les choix d'une pétromonarchie discrète », *Diploweb*, 5 mars 2016, consulté le 23 mai 2018. https://www.diploweb.com/Geopolitique-d-Oman.html

créent le Front de Libération du Dhofar. Ils obtiennent le soutien du Front de Libération Nationale qui dirige le Yémen. Armés par la Chine communiste, ils deviennent le Front Populaire de Libération d'Oman. Ils menacent l'exploitation pétrolière omanaise alors que le pays en est absolument dépendant. Alors, le Royaume-Uni décide de faciliter la prise de pouvoir du nouveau sultan Qabous bin Saïd en 1970. Ce dernier réunifie l'arrière-pays, Oman et Mascate dans le Sultanat d'Oman et s'arroge les pleins pouvoirs.[242] Confronté à la rébellion qui continue, le sultan est mis en difficulté. Plusieurs pays lui apportent alors leur aide, dont l'Iran.

En avril 1973, selon les archives diplomatiques du Ministère des Affaires étrangères de la France, le sultan Qabous rend une visite officielle au shah d'Iran.[243] C'est le début de la « *coopération active* »[244] d'Oman avec ses riverains du Golfe. Il apparaît que le sultan d'Oman considère l'Iran comme « *le plus viable défenseur de la stabilité et de la sécurité dans cette riche région pétrolière.* »[245] Mais le shah n'a pas attendu que son voisin lui demande de l'aide pour la lui donner. L'Iran a en effet déjà envoyé des instructeurs avec des armes légères et quelques hélicoptères adaptés à la guérilla en montagne en Oman, en tant que cadeau de bienvenue. Le shah se montre prêt à aller plus loin dans son soutien. En février 1974, on apprend dans le journal *Daily Telegraph* que les soldats iraniens se couvrent de gloire dans les combats qui les opposent aux Dhofaries. Le shah confirme donc qu'il a envoyé des hommes sur le terrain omanais.[246] L'Iran intervient en Oman, car la

---

[242] *Ibid.*

[243] « Visite en Iran du sultan Qaboos d'Oman », Télégramme n°385/387, Koweït, le 21 mars 1973, série IN sous série III dossier C politique étrangère, Direction d'Afrique du Nord et Moyen-Orient, Relations bilatérales avec l'étranger : Relations de l'Iran avec les pays d'Afrique du Nord, du Proche et Moyen-Orient, Archives Diplomatiques de la Courneuve, Ministère des Affaires Étrangères, 1973-1982.

[244] *Ibid.*

[245] *Ibid.*

[246] « Intervention iranienne dans le Sultanat d'Oman », Télégramme n°225/ANL, Robert de Souza Ambassadeur de France en Iran à Michel Jobert Ministre des Affaires Étrangères de la France, 13 février 2974, Série IN sous-série III dossier C, Direction Afrique du Nord et du Levant, Sous-Direction du

situation militaire au Dhofar pourrait s'aggraver et le risque pourrait s'étendre jusqu'à la zone du Djebel Akhdar proche du détroit d'Ormuz. Pour cette raison, le shah a donc consenti à fournir une aide plus poussée au sultan Qabous. L'ambassadeur français en Iran Robert de Souza écrit alors :

> « *Le corps expéditionnaire iranien, qui était au départ limité à quelques conseillers et à de petites unités de forces spéciales, atteint désormais le niveau d'une brigade de parachutistes, soit environ deux mille soldats, appuyée par des hélicoptères armés et des blindés légers. Ce fer de lance, que l'on dit fortement entraîné, bénéficie en outre du soutien d'unités de service et d'unités de génies, ces dernières jouant un rôle important sur un terrain de configuration aussi difficile que le Dhofar.* »[247]

Il semble donc que l'Iran apporte une aide poussée au Sultanat d'Oman car il discerne un danger pour son propre territoire, le détroit d'Ormuz. La proximité de la rébellion dans le Sultanat par rapport à l'espace stratégique qu'est le détroit d'Ormuz pour l'Iran pousse ce dernier à intervenir hors de son territoire. Il montre la volonté de s'affirmer en tant que puissance régionale, capable d'intervenir dans tout pays, gendarme du Golfe. De plus il semble que le parti du Toudeh, parti iranien à influence communiste, soutenu par l'Irak à l'époque, ait fait alliance avec les rebelles Dhofaries. Il est donc d'autant plus important pour l'Iran d'intervenir pour rétablir l'ordre sur son territoire national. En plus de ces motivations, il semble aussi que l'Iran souhaite expérimenter son nouvel instrument militaire. Un hebdomadaire koweïti affirme également que le shah a accepté d'intervenir en échange de la

---

Levant, Archives Diplomatiques de la Courneuve, Ministère des Affaires Étrangères, 1973-1982.

[247] *Ibid.*

cession de l'île d'Abou Ghannam dans le détroit d'Ormuz. Toutefois cela n'a jamais été prouvé.[248]

En 1975, l'aide iranienne permet au Sultan de reprendre le dessus sur la rébellion. Il demande donc aux troupes iraniennes de se retirer progressivement.[249] Alors que la presse iranienne était restée très silencieuse sur les opérations de l'armée impériale dans la zone, elle publie alors les derniers exploits des soldats iraniens. L'ambassadeur de la France en Iran Robert de Souza écrit :

> *« Un groupe de journalistes passe quatre jours dans le Dhofar. Ils rapportent que les deux mille hommes de la force d'intervention iranienne viennent de libérer un territoire de près de 300 kilomètres-carrés et de reprendre après des combats de rue acharnés la ville de Rakhiout, qui se trouvait depuis sept ans aux mains de la rébellion. »*[250]

Les soldats iraniens sont donc des héros venus libérer le territoire omanais des rebelles communistes. Il semble que cette intervention ait été décisive puisque par la suite les rebelles perdent d'autres territoires. Les journaux iraniens soulignent également que :

> *« L'aide iranienne est intervenue après que les États arabes aient refusé de porter secours au jeune sultan dont le pays était menacé par des éléments subventionnés par l'étranger dont le réel objectif est de saper la sécurité et la stabilité dans*

---

[248] *Ibid.*

[249] « Opération iranienne à Oman », Télégramme n°131/ANL, Robert de Souza Ambassadeur de France en Iran à Jean Sauvagnargues Ministre des Affaires Étrangères de la France, 28 janvier 1975, Série IN sous-série III dossier C, Direction Afrique du Nord et du Levant, Sous-Direction du Levant, Archives Diplomatiques de la Courneuve, Ministère des Affaires Étrangères, 1973-1982.

[250] *Ibid.*

la région du golfe Persique, facilitant ainsi l'intervention des puissances étrangères. »[251]

Pour protéger le Golfe, l'Iran n'a donc pas eu d'autre choix que d'intervenir. Ici l'Iran affirme donc sa volonté d'être le gendarme du Golfe. L'ambassadeur conclut :

> *« D'où l'intérêt qui s'attache à montrer que les soldats iraniens, loin d'avoir des ambitions territoriales sur Oman, sont le fer de lance du régime légal et que leur présence, désirée, est nécessaire à la pacification qui permettrait de s'opposer aux visées d'autres puissances, dont les États-Unis, sur les abords du détroit d'Ormuz. »*[252]

Il s'agit donc d'aider le sultan à reprendre la main pour que la rébellion ne se propage pas, mais également pour qu'aucune puissance étrangère, et spécialement les États-Unis, ne puisse s'approprier une partie du détroit d'Ormuz. On le voit, les États-Unis sont déjà en train de montrer leur intérêt pour cet espace à partir du début des années 1970, notamment lorsqu'ils demandent à utiliser la base de Massirah pour effectuer des missions dans le Golfe et aider le sultan Qabous.[253] Ce qui ne leur sera pas accordé, car Oman souhaite préserver son indépendance et se tenir loin des puissances étrangères.

L'intervention iranienne pour aider le sultan Qabous face à la rébellion marque la première étape de leur coopération. Après cette période, les deux pays s'efforcent de développer leurs relations bilatérales, car ils y ont tous les deux un grand intérêt. Au milieu des années 1970, ils vont notamment s'entendre sur leur rôle dans le détroit et la délimitation de leurs frontières communes.

La définition des frontières maritimes

---

[251] *Ibid.*
[252] *Ibid.*
[253] *Ibid.*

Lorsque le Royaume-Uni quitte le golfe Persique en 1971, l'Iran et Oman doivent définir leurs frontières maritimes. En 1972, ils passent un premier accord.[254] En juillet 1974, le ministre des Affaires étrangères d'Oman, Abdol Rahman Al Zawami, rend visite à son homologue M. Khalatbari pendant trois jours à Téhéran.[255] Il est reçu en audience par le shah Mohammad-Réza Pahlavi, ce qui témoigne de l'importance que celui-ci accorde à sa relation avec le sultan omanais. Afin de répartir les zones d'exploration dans la recherche pétrolière, les deux parties signent un traité de délimitation des eaux territoriales.[256] La limite de ces dernières est fixée à cinquante milles nautiques par les deux États, qui réalisent de fait un verrouillage politique et économique total du détroit d'Ormuz. C'était un des objectifs majeurs du gouvernement impérial. L'accord est ratifié. On en trouve une traduction non officielle aux Archives du Ministère des Affaires étrangères de la France. Après avoir établi les frontières exactes à l'article 1, l'article 2 prévoit qu'en cas d'implantation pétrolière sur la ligne frontière on ne puisse creuser aucun puits sur l'un des deux côtés de la ligne frontière sans l'accord commun des deux parties contractuelles et dans ce cas-là, les deux parties doivent s'entendre sur les opérations à mener.[257] Un accord culturel qui

[254] Gertjan Hoetjes, « Iran - GCC Relations : the case of Oman », dans Maaike Warnaar, Luciano Zaccara and Paul Aarts, *Iran's relations with the Arab states of the Gulf - common interests over historic rivalry*, Gerlach Press, Berlin, 2016.

[255] « Visite du ministre des Affaires étrangères du Sultanat d'Oman », Télégramme n°1292/ANL, Pierre Bitard, chargé d'affaires de France en Iran à Jean Sauvagnargues ministre des Affaires Étrangères de la France, 31 juillet 1974, Série IN sous-série III dossier C, Direction Afrique du Nord et du Levant, Sous-Direction du Levant, Archives Diplomatiques de la Courneuve, Ministère des Affaires Étrangères, 1973-1982.

[256] *Ibid.*

[257] « Délimitation du plateau continental entre le Sultanat d'Oman et l'Iran », Télégramme n°109/ANL, Marcel Laugel, chargé d'affaires de France en Oman à Jean Sauvagnargues, Ministre des Affaires Étrangères de la France, 8 juin 1975, Série IN sous-série III dossier C, Direction Afrique du Nord et du Levant, Sous-Direction du Levant, Archives Diplomatiques de la Courneuve, Ministère des Affaires Étrangères, 1973-1982.

prévoit l'envoi d'instituteurs iraniens en Oman pour enseigner les rudiments de la langue persane est également en préparation à cette date.[258] Les relations entre les deux pays se trouvent donc renforcées. En décembre 1977, le shah d'Iran rend visite au sultan Qabous pour la première fois.[259]

Quand le régime impérial s'effondre, les relations entre les deux pays ne sont pas rompues. Au contraire, en 1979, le Sultanat d'Oman reconnaît la République islamique d'Iran. Les frontières maritimes entre les deux pays sont maintenues et leurs relations continuent de s'approfondir. Les années 1970 ont marqué le début d'une relation de coopération cruciale pour l'Iran aujourd'hui.

Une volonté commune de paix et de stabilité : les « Gardiens » aujourd'hui, partenaires géostratégiques et économiques

Des relations diplomatiques denses : le rôle des Gardiens

En remontant dans les archives de la présidence de la République islamique d'Iran, on trouve de nombreuses traces de l'importance des relations diplomatiques de l'Iran avec le Sultanat d'Oman. Ainsi, le président iranien rencontre le nouvel ambassadeur omanais en février 2014. Lors de cette rencontre, le président iranien réaffirme l'importance de la relation de son pays avec Oman. Il emploie en effet l'expression « *voisin, ami et frère* » et explique qu'étant donné que « *l'Iran et Oman sont situés sur une zone très sensible et stratégique, ils devraient développer la*

---

[258] *Ibid.*

[259] « Visite du Chah d'Iran en Oman », Robert Oddos ambassadeur de France en Iran à Louis de Guiringaux Ministre des Affaires Étrangères de la France, 13 décembre 1977, Série IN sous-série III dossier C, Direction Afrique du Nord et du Levant, Sous-Direction du Levant, Archives Diplomatiques de la Courneuve, Ministère des Affaires Étrangères, 1973-1982.

sécurité et la stabilité dans la région. »[260] En mars 2014, le président iranien rencontre le Premier ministre omanais. Les deux hommes d'État reconnaissent l'importance de chacun dans la gestion de la sécurité du Golfe. Le Premier ministre omanais Fahad bin Mahmoud a ainsi déclaré :

> « *Nous considérons la nation iranienne comme une grande nation et nous croyons que nous devrions avoir des interactions et un dialogue avec cette grande nation pour approfondir les liens bilatéraux.* »[261]

En 2016 encore, les deux pays sont déterminés à approfondir leurs relations diplomatiques.[262] Au mois de février 2017, le président Hasan Rouhani rencontre une délégation d'officiels omanais. Il déclare devant eux :

> « *L'Iran et Oman ont été les gardiens du détroit d'Ormuz à travers l'histoire, contribuant ainsi à sécuriser et libérer le chemin pour le commerce international* ».[263]

---

260 « President in a meeting with new ambassador of Oman : Iran and Oman should develop security and stability in the region », Archives présidentielles de la République Islamique d'Iran, 8 février 2014, consulté le 20 mars 2018. http://www.president.ir/en/74742

261 « President in a meeting with Omani deputy Prime Minister: Mutual interests require strengthening of bilateral ties », Archives présidentielles de la République Islamique d'Iran, 12 mars 2014, consulté le 20 mars 2018. http://www.president.ir/en/75955

262 « President in a meeting with Omani Parliament Speaker : Iran's resolve to develop ties with Oman firm/Oman's wise regional stance admirable », Archives du Ministère des Affaires Étrangères de la République Islamique d'Iran, 14 avril 2016, consulté le 22 mars 2018. http://www.president.ir/en/92940

263 « President at the meeting of high-ranking delegations of Iran and Oman : Iran, Oman determined to cement ties/Tehran always welcomes deepening bilateral, regional ties with neighbours/Bolstering baking cooperation contributes to economic ties », Archives du Ministère des Affaires Étrangères de la République Islamique d'Iran, 15 février 2017, consulté le 22 mars 2018. http://www.president.ir/en/97768

Il ajoute :

> « *Pour garantir la sécurité de la région, il n'y a pas de meilleure solution que de pousser les pays de la région à prendre leurs responsabilités et à développer une coopération intra-régionale. Par conséquent, les pays de la région devraient se soutenir mutuellement pour assurer la sécurité et une stabilité de long terme avec l'aide de chacun.* »[264]

On le voit, les deux puissances souhaitent réaffirmer leur rôle de gardien du détroit d'Ormuz. Pour cela, aucune compétition si ce n'est qu'ils sont les deux seuls à pouvoir le faire. Il est donc dans leur intérêt de s'allier et d'être en bons termes diplomatiquement. Les visites réciproques sont fréquentes et elles permettent aux deux États de communiquer et d'établir des rapports de confiance. Oman est le seul allié de longue date de l'Iran dans la péninsule arabique.

Une coopération militaire en progression pour un partenariat géostratégique

Depuis les années 1970, Oman et l'Iran ont développé un partenariat militaire intéressant, mais dont peu de détails sont connus. L'Iran affirme sa volonté de créer un partenariat militaire stable notamment pour la surveillance du détroit d'Ormuz. En octobre 2017, les chefs des États-Majors des Armées iraniennes et omanaises se sont rencontrés pour discuter de la manière dont ils pourraient renforcer les relations militaires entre leurs pays.[265] En mars 2018, le président iranien Hasan Rouhani reçoit le ministre des Affaires étrangères omanais Yousouf bin Alawi bin Abdallah et sa délégation. Il décrit leurs relations bilatérales comme étant exemplaires et

---

[264] *Ibid.*

[265] « Iran, Oman discuss military coopération », *Iran Daily*, 11 octobre 2017, consulté le 24 mai 2018. http://www.iran-daily.com/News/202211.html

fortes et demande à les renforcer plus encore afin d'assurer la paix et la sécurité dans le Golfe.[266] Un comité permet la communication entre les deux puissances : le Comité conjoint de l'amitié militaire Téhéran-Mascate. Il permet aux forces armées de communiquer entre elles. Il se réunit environ une fois par an pour discuter de la coopération militaire entre les deux pays.[267] Les armées des deux pays ont un rôle de premier plan dans le Golfe, elles ont donc intérêt à bien communiquer entre elles. Leur relation militaire est indispensable. Enfin, début mai 2018, ce comité a annoncé la tenue du quatorzième exercice militaire conjoint dans le mois prochain.[268] Il impliquera les marines iraniennes et omanaises. Il s'agira d'un exercice conjoint de recherche et sauvetage dont le but est de renforcer la préparation pour ce genre d'opérations et de favoriser les échanges d'expérience entre les armées.[269]

Oman et l'Iran sont en train de développer leur partenariat militaire. Les deux puissances régionales ont un rôle capital à jouer dans le détroit d'Ormuz et leurs positions géographiques respectives leur permettent de surveiller le trafic dans le détroit. Pour accroître leur puissance sur la région, elles ont tout intérêt à s'entendre. En outre, les deux pays ont également développé des relations économiques.

---

[266] « Oman, Iran to expand scope of cooperation », *Oman Daily Observer*, 18 mars 2018, consulté le 24 mai 2018. http://www.omanobserver.om/oman-iran-to-expand-scope-of-cooperation/

[267] « Iran et Oman pour le développement des relations militaires », *PressTV*, 13 avril 2017, consulté le 24 mai 2018. http://www.presstv.com /DetailFr/2017/04/13/517852/Iran-et-Oman-pour-le-dveloppement-des-relations -militaires

[268] « Iran-Oman military cooperation meeting kicks off in Tehran », *Iran Daily*, 5 mai 2018, consulté le 24 mai 2018. http://www.iran-daily.com/News/214496.html

[269] « Iran, Oman to hold joint naval drill », *Tehran Times*, 5 mai 2018, consulté le 24 mai 2018. http://www.tehrantimes.com/news/423258/Iran-Oman-to-hold-joint-naval-drill

Une coopération économique nouvelle

En plus d'être le partenaire géostratégique de l'Iran pour la cogestion du détroit d'Ormuz, Oman est un partenaire économique de choix. Même si leurs relations économiques sont pour le moment limitées, elles vont évoluer grâce à un nouveau projet commun.[270] En effet, Téhéran et Mascate ont signé en 2014 un contrat pour la construction d'un gazoduc.[271] L'objectif est d'inscrire dans la durée une relation politique qui pourrait être fragilisée en cas de décès du sultan Qabous. L'accord fait suite à un mémorandum d'accord signé en 2009 pour construire un gazoduc sous-marin long de deux-cents kilomètres. Le projet est estimé à douze milliards de dollars.[272] D'après l'accord, Oman importerait 28 millions de mètres cubes de gaz iranien pour quinze ans. La partie offshore du gazoduc est construite, l'Iran doit terminer la partie sur ses côtes. Le gazoduc passe autour des eaux territoriales des EAU. Il permettrait à l'Iran d'écouler sa production excédentaire de gaz naturel. Il produit en effet environ huit cents millions de mètres cubes de gaz par jour, mais n'en exporte qu'une petite portion pour le moment.[273] Ainsi, cette coopération économique nouvelle avec Oman dans le détroit d'Ormuz est une opportunité formidable pour l'Iran.

Grâce à leur position stratégique et à leur volonté politique, l'Iran et Oman ont développé un partenariat diplomatique, militaire et économique qui fonctionne et qui est porteur de promesses pour le futur des deux puissances. Oman permet à l'Iran d'avoir une place stratégique sur la rive arabe du golfe Persique. Oman se révèle être également un partenaire atout dans la relation de l'Iran avec les autres États du Golfe et les États-Unis.

---

[270] Bernard Hourcade, *op. cit.*, p. 252.

[271] « Accord entre Oman et l'Iran pour un gazoduc », *Le Figaro*, 12 mars 2014, consulté le 23 mai 2018. http://www.lefigaro.fr/flash-eco/2014/03/12/97002-20140312FILWWW00320-accord-entre-oman-et-l-iran-p our-un-gazoduc.php

[272] « Iran ready to develop onshore section of Gas pipeline to Oman », *Financial Tribune*, 15 janvier 2018, consulté le 23 mai 2018. https://financialtribune.com/articles/energy/80050/iran-ready-to-develop-onshore-section-of-gas-pipeline-to-oman

[273] *Ibid.*

Oman, un partenaire atout dans la relation de l'Iran avec les pays du golfe Persique et les États-Unis : la paix dans le détroit d'Ormuz

Oman et les négociations entre l'Iran et les États-Unis

Avant même de jouer un rôle dans les négociations sur le nucléaire iranien, le Sultanat d'Oman s'est posé en tant que médiateur pour d'autres affaires. En effet, en 2009, trois Américains avaient été capturés par la police iranienne, car ils avaient traversé la frontière du pays au niveau du Kurdistan iranien.[274] Incarcérés, ils avaient ensuite été condamnés à huit ans de prison pour espionnage. Le Sultanat d'Oman a ensuite joué un rôle important. Le Sultan envoie en effet son homme de confiance Salam Ben Nasser Al-Ismaïli, chef de l'Autorité de promotion des investissements, formé aux États-Unis et au Royaume-Uni, pour faire avancer les négociations entre les deux États. Grâce à cela, l'Iran accepte de libérer les Américains en 2011.[275] Ce rôle de négociateur est largement apprécié par les deux parties.

Alors que l'Iran est sous les coups des sanctions économiques les plus dures en 2012, on constate l'élévation du trafic entre Oman et l'Iran. En effet, seulement quarante kilomètres séparent l'Iran du Sultanat d'Oman. La distance est donc facile à franchir pour tous les trafiquants. On observe à l'époque le trafic de toutes sortes de marchandises (écrans plats, ordinateurs...).[276] En plus d'aider l'Iran économiquement et officieusement, le Sultanat d'Oman intervient aussi en 2012 dans les négociations pour le dossier nucléaire iranien. En effet, cette année-là, Oman accueille les pourparlers secrets irano-américains sur son territoire. Le

---

[274] Sylvain Cypel, « L'Iran libère deux Américains accusés d'espionnage », *Le Monde*, 22 septembre 2011, consulté le 23 mai 2018. https://abonnes.lemonde.fr/proche-orient/article/2011/09/22/l-iran-libere-deux-americains-accuses-d-espionnage_1575962_3218.html

[275] *Ibid.*

[276] Radante Nasseri, « Iran's smugglers feel the squeeze », *Bloomberg*, 3 août 2012, consulté le 23 mai 2018. https://www.bloomberg.com/news/articles/2012-08-02/irans-smugglers-feel-the-squeeze

Sultan Qabous organise une rencontre secrète en mars 2012 entre Barack Obama et Hasan Rouhani, avant même que ce dernier soit élu.[277] Lorsque Hasan Rouhani devient président, le Sultan est le premier dirigeant étranger à lui rendre visite. Il lui remet alors la lettre signée de Barack Obama dans laquelle il appelle au dialogue.[278] Ces pourparlers mènent à l'accord provisoire de 2013. Par cette action simple, mais importante, Oman devient le médiateur clé de l'accord sur le nucléaire. C'est en grande partie grâce à lui et à son initiative que les négociations entre l'Iran et les États-Unis ont pu donner lieu au résultat que l'on connaît. Aucun autre pays de la zone n'aurait pu jouer ce rôle précis. Et cela est sans doute dû à la position d'indépendance plus générale que maintient Oman.

Oman, un allié fort dans Ormuz car indépendant

La politique étrangère du Sultanat d'Oman est marquée par sa volonté de rester indépendant et de se tenir loin des alliances régionales qui pourraient le contraindre à agir. Oman tient donc à son indépendance régionale et refuse de choisir un camp.[279] Dès le moment où les États-Unis prennent le relai, Oman affirme son indépendance. Ils ne peuvent pas utiliser les bases militaires omanaises de Masirah et Thumrait pour mener une action offensive. La présence américaine est autorisée, mais pas pour faire la guerre.[280] Oman est un État pacificateur, médiateur et cela se traduit dans sa politique étrangère. C'est un « pays d'interface » comme l'écrit Alexandre Mouthon, docteur en histoire et journaliste indépendant. Au sein du Conseil de Coopération du Golfe, Oman est un acteur critique.[281] S'affirmant contre la politique anti-iranienne de cette organisation, Oman se pose toujours en médiateur avec l'Iran et essaie de ne pas créer de conflit. Dans un Moyen-Orient belligène, Oman refuse d'intervenir dans plusieurs pays. Déjà dans la guerre Iran-Irak, il refusait de

[277] Alexandre Mouthon, *op. cit.*
[278] Radante Nasseri, *op. cit.*
[279] *Ibid.*
[280] Alexandre Mouthon, *op. cit.*
[281] Bernard Hourcade, *op. cit.*, p. 251.

choisir un camp. En 2011, le Sultanat refuse d'intervenir avec l'Arabie Saoudite au Koweït pour freiner les velléités révolutionnaires.[282] Dans le conflit au Yémen, le sultan Qabous ne participe pas à la coalition menée par l'Arabie Saoudite contre les rebelles Houthistes. Oman ne fait pas non plus partie de la coalition des pays arabes contre l'Organisation État islamique en Syrie et en Irak. Il s'oppose même à la proposition de l'Arabie Saoudite de créer une union militaire des pays du Golfe avec commandement unifié. Le pays n'est pas membre de l'OPEP et de l'OPAEP. Mais il est membre des Nations Unies, de la Ligue Arabe et de l'Organisation de Coopération Islamique. Oman est donc un allié apprécié et précieux pour l'Iran parce qu'il cherche à tout prix à conserver son indépendance. Un allié non contraint par les autres puissances est un atout formidable. En plus de ne pas être influencée par les grandes puissances, la politique étrangère omanaise se veut pacificatrice. Ce qui a permis à l'Iran de bénéficier de négociations favorables.

La relation entre Oman et l'Iran s'est développée dans les années 1970 alors que la rébellion dans le Sultanat allait menacer le détroit d'Ormuz. Depuis, cette relation s'est approfondie. Les échanges diplomatiques, militaires et économiques font des deux pays des partenaires géostratégiques. S'ils ne sont pas dépendants l'un de l'autre, ils ont cependant tout intérêt à maintenir cette relation sur le long terme. Enfin, le rôle pacificateur d'Oman en fait un allié capital pour l'Iran et le levier de la paix dans le détroit d'Ormuz. Toutefois, l'Iran a également développé sa coopération avec d'autres puissances grâce au détroit d'Ormuz.

[282] Alexandre Mouthon, *op. cit.*

3
L'Iran et Ormuz, de nouvelles perspectives asiatiques

Depuis 2002, l'Iran a choisi de développer ses relations avec l'Asie.[283] L'Iran est parti du constat selon lequel ses relations avec l'Ouest ont été et sont encore difficiles et ne permettent donc pas l'expansion économique que l'Iran souhaite acquérir. Lors des crises politiques entre l'Iran et l'Occident, les échanges ont été fortement réduits. Mais pas avec les pays d'Asie comme la Chine, l'Inde et le Japon. Les pays asiatiques sont devenus les principaux clients du pétrole iranien. En 2012, ils ont acquis environ 90% des exportations iraniennes de pétrole contre 10% avant la révolution islamique d'Iran.[284] Ces relations entre l'Iran et les pays d'Asie contribuent à réduire l'isolement de la puissance iranienne dans le monde. Ici ce sont ses relations avec la Chine et l'Inde que nous étudierons.

Or, si l'Iran n'avait pas cette position cruciale sur le détroit d'Ormuz, il ne serait peut-être pas aussi intéressant aux yeux de la Chine et de l'Inde. Ces deux puissances asiatiques sont devenues les premiers importateurs de produits iraniens. Ces échanges sont aujourd'hui capitaux pour l'Iran. Mais ils ne sont pas qu'économiques. Les relations diplomatiques et militaires de l'Iran avec la Chine et l'Inde sont elles aussi importantes. Comment l'Iran joue-t-il de sa position stratégique sur le couloir maritime du détroit d'Ormuz pour développer les échanges avec la Chine et l'Inde ? Quelles perspectives offrent ces échanges pour l'Iran ? Ces problématiques font l'objet de notre dernier chapitre.

---

[283] Clément Therme, « Iran : le pivot vers l'Asie », dans « Iran vs. Arabie Saoudite : luttes d'influence dans le Golfe », *Diplomatie*, n°91, mars-avril 2018, pp. 49-53.
[284] Bernard Hourcade, *op. cit.*, p. 287.

L'Iran et sa coopération avec la Chine dans Ormuz

L'Iran et la Chine, une coopération diplomatique qui date

La Chine et l'Iran débutent des négociations discrètes pour établir des relations diplomatiques en 1965.[285] Ainsi, la relation de l'Iran avec la Chine n'est pas une relation nouvelle, elle date de plus de cinquante ans. Cela peut expliquer l'importance qu'elle a aujourd'hui pour l'Iran. Alors que la menace de l'Union soviétique s'étend à l'océan indien dans les années 1970, les deux pays établissent officiellement leurs relations diplomatiques en 1971. En mars 1972, l'Iran ouvre sa première ambassade à Pékin. Les échanges commerciaux débutent alors fortement. Face à l'URSS, la Chine approuve le renforcement du rôle régional de l'Iran. Le président chinois est le dernier à rendre visite au shah en 1978.[286] Après la révolution islamique, la Chine reconnaît le nouveau régime iranien. Par peur que l'influence russo-soviétique ne se développe dans le pays comme cela s'est déroulé en Afghanistan, la Chine soutient l'effort de guerre iranien contre l'Irak. Alors que le Président Rafsanjani rend visite au Président chinois en 1985, la coopération technologique dans le domaine balistique commence et elle permet la vente de missiles sol-mer chinois qui sont installés dans le détroit d'Ormuz. Cela marque une première étape dans leurs relations. La Chine permet à l'Iran de défendre son espace stratégique et elle garantit que cet espace reste la propriété de l'Iran. Elle devient le premier fournisseur d'armes de l'Iran (elle est aujourd'hui le deuxième après la Russie).[287] Pour la Chine, c'est d'abord une opportunité

---

[285] Thierry Kellner, Mohammad-Reza Djalili, « L'Iran et les deux géants asiatiques », *Outre-Terre*, 2006/3, n°16, pp. 73-105. https://www.cairn.info/revue-outre-terre1-2006-3-page-73.htm

[286] Bernard Hourcade, *op. cit.*, p. 288.

[287] Thierry Kellner, Mohammad-Reza Djalili, « L'Iran et les deux géants asiatiques », *op. cit.*

commerciale. Elle débute ensuite une coopération discrète sur le nucléaire qui prend fin en 1997 sous pression des Américains. Les années 1990 sont marquées par la multiplication des rencontres à haut niveau puis par la raréfaction de celles-ci après l'effondrement de l'URSS. À la fin des années 1990, les relations énergétiques et économiques entre les deux pays sont renforcées. L'Iran devient le fournisseur pétrolier de la Chine.[288] En 2000, le président iranien Khatami visite officiellement le Chine afin de faire progresser les relations économiques, mais également politiques, militaires et culturelles. Les deux puissances partagent les mêmes inquiétudes par rapport à la volonté hégémonique des États-Unis.[289] Sur le dossier du nucléaire, la Chine soutient le droit de l'Iran à un nucléaire civil, mais rejette le développement du nucléaire militaire.[290] Depuis 2015, les échanges diplomatiques entre les deux pays sont denses. En janvier 2016, le président chinois rend visite au président iranien à Téhéran. Cette visite marque un tournant plus politique des relations. Enfin, les relations diplomatiques entre l'Iran et la Chine sont capitales pour l'Iran, car la Chine lui permet de contrebalancer la volonté américaine anti-iranienne. En effet, dernièrement les États-Unis se sont retirés de l'accord sur le nucléaire iranien (JCPOA). Après cette annonce, le ministre des Affaires étrangères iranien Mohammad Javad Zarif a débuté une tournée internationale pour sauver le JCPOA. Pour son premier arrêt, il ne s'est pas rendu en Europe, mais en Chine.[291] Cela témoigne de l'importance de la Chine pour l'Iran. Mais si cette coopération diplomatique fonctionne, c'est avant tout grâce aux relations économiques de l'Iran avec la Chine.

---

[288] *Ibid.*

[289] *Ibid.*

[290] Bernard Hourcade, *op. cit.*, p. 289.

[291] Brice Pedroletti, Louis Imbert, « Après la décision de Trump sur le nucléaire, l'Iran contraint de chercher le soutien de la Chine », *Le Monde*, 14 mai 2018, consulté le 29 mai 2018. https://abonnes.lemonde.fr/international/article/2018/05/14/apres-la-decision-de-trump-sur-le-nucleaire-l-iran-contraint-de-chercher-le-soutien-de-la-chine_5298430_3210.html?xtmc=nucleaire_iranien&xtcr=20

La coopération économique entre l'Iran et la Chine

À partir de 1993, la Chine commence à importer du pétrole iranien.[292] L'idée pour elle est d'aller vers des marchés restés intacts. Au début des années 2000, une délégation iranienne se rend à Téhéran. Cette rencontre mène au renforcement de la coopération dans le domaine de l'énergie, du transport, des télécoms, de la banque, de l'industrie, du tourisme et de l'agriculture. Cinq accords sont signés.[293] La société chinoise Sinopec est invitée à préparer un programme de développement du gisement pétrolier géant de Yadavaran. En échange de sa participation majoritaire dans ce champ, elle s'engage à acheter 10 millions de tonnes de Gaz Naturel Liquéfié iranien par an pendant vingt-cinq ans. Pour l'Iran, c'est le contrat le plus important depuis 1996. La compagnie pétrolière iranienne (NIOC) s'engage à exporter 150 000 barils par jour par an vers la Chine. En 2005, l'Iran obtient le statut d'observateur dans l'Organisation de Coopération de Shanghai.[294] Le volume des exportations pétrolières iraniennes vers la Chine est en constante augmentation depuis le milieu des années 1990. L'Iran exporte en effet 30% de ses ressources en hydrocarbures vers la Chine en 2016.[295] La Chine est le premier importateur de pétrole iranien ce qui représente environ 9,2 milliards d'euros par an.[296] En 2014, les échanges commerciaux entre la Chine et l'Iran représentent 42 milliards d'euros. Le fait que le détroit d'Ormuz corresponde au littoral du pays est un atout pour l'exportation pétrolière de l'Iran. Sa situation géographique peut ainsi être facilement associée à

---

[292] Sanam Vakil, « Iran : balancing East against West », *The Washington Quaterly*, Center for Strategic and International Studies et Massachusetts Institute of Technology, 2006, pp. 51-65.

[293] Thierry Kellner, Mohammad-Reza Djalili, « L'Iran et les deux géants asiatiques », *op. cit.*

[294] Clément Therme, *op. cit.*

[295] Claudia Astarita, Isabella Damiani, « Géopolitique de la nouvelle route de la soie », *Geoéconomie*, 2016/2, n°79, pp. 57-94. https://www.cairn.info/revue-geoeconomie-2016-2-page-57.htm

[296] Brice Pedroletti, Louis Imbert, *op. cit.*

divers projets de pipelines vers l'Asie.[297] L'Iran peut ainsi participer au nouveau « grand jeu »[298] des années 2000 : la construction des nouvelles routes de la soie par les gazoducs et oléoducs. Ainsi, la nouvelle route de la soie chinoise arrive en Iran grâce aux relations économiques entre les pays. La Chine a ouvert un crédit de 1,4 milliards d'euros pour l'électrification de la ligne de train Téhéran-Mashhad.[299] La Chine participe également à la rénovation du port de Bouchehr et de Bandar Abbas. La Chine est donc le nouvel allié économique de l'Iran. Cependant, leur coopération revêt aussi un caractère militaire du fait des problématiques que ces deux puissances partagent.

La coopération de défense, ultime atout pour l'Iran

Le 23 janvier 2016, l'Iran et la Chine signent dix-sept documents et mémorandums afin de développer leur coopération.[300] Ensuite, au mois de novembre 2016, le président Rouhani rencontre le ministre de la Défense chinois Chang Wanqan pour promouvoir leur coopération dans le domaine de la défense.[301] Le ministre déclare :

> *« La République populaire de Chine va continuer de coopérer avec la République Islamique d'Iran, qui est le pouvoir le plus important dans la région, afin de promouvoir les objectifs communs de sécurité régionale et de stabilité. »*[302]

---

[297] Didier Chaudet, « L'Iran peut-elle devenir une « superpuissance » énergétique ? », *Confluences Méditerranée*, 2014/4, n°91, pp. 13-32, consulté le 26 avril 2018. https://www.cairn.info/revue-confluences-mediterranee-2014-4-page-13.htm.

[298] Lionel Baixas, « Chabahar vs Gwadar », *Outre-Terre*, 2012/2, n° 25-26, pp. 215-232. https://www.cairn.info/revue-outre-terre1-2010-2-page-215.htm

[299] Brice Pedroletti, Louis Imbert, *op. cit.*

[300] « At the presence of both Presidents; Iran, China sign 17 documents, MoUs », Archives présidentielles de la République Islamique d'Iran, 23 janvier 2016, consulté le 22 mars 2018. http://www.president.ir/en/91427

[301] « President in a meeting with the defence minister of China : Tehran welcomes deepening ties with Beijing, esp. in defence », Archives présidentielles de la République Islamique d'Iran, 15 novembre 2016, consulté le 22 mars 2018. http://www.president.ir/en/96364

[302] *Ibid.*

La coopération de défense est donc également un aspect des relations entre l'Iran et la Chine. La Chine a conscience du caractère stratégique du détroit d'Ormuz et du golfe Persique. En effet, la puissance chinoise joue un rôle grandissant dans le Golfe. Comme nous l'avons vu, ses liens économiques avec l'Iran en ont fait une puissance dépendante de ces exportations pétrolières iraniennes. Les importations chinoises ont dépassé celles des États-Unis depuis 2014.[303] 55% du pétrole importé par la Chine vient du golfe Persique. Donc, dans l'hypothèse où l'Iran fermerait le détroit d'Ormuz, la situation chinoise serait catastrophique. Son approvisionnement dépend donc de la stabilité de cette route maritime. Il est donc nécessaire pour la Chine de sécuriser cette route d'approvisionnement avec le pays qui la contrôle : l'Iran. Cela passe donc par le développement de relations diplomatico-militaires, d'une coopération de défense, en plus des relations économiques et commerciales. La Chine ne peut pas se passer d'un partenariat de défense avec l'Iran, car elle y a trop à perdre. Ainsi, depuis 2014, les Marines iraniennes et chinoises réalisent des exercices militaires conjoints.[304] Ce sont essentiellement des missions de secours en mer. Lors de ces exercices, l'Iran exhibe son excellente relation avec le partenaire chinois à ses rivaux du Golfe (comme l'Arabie Saoudite par exemple). Il montre également qu'il peut échanger avec la puissance chinoise au niveau opérationnel et pas uniquement économique.

Ainsi, grâce à sa position sur le détroit d'Ormuz et à ses richesses en hydrocarbures, l'Iran a pu développer sa relation avec la Chine et en faire un allié particulier. La Chine permet à l'Iran de s'insérer dans une région plus vaste que celle du golfe Persique : l'Asie. Elle favorise son insertion régionale. En outre, elle permet à l'Iran d'apparaître comme une puissance crédible diplomatiquement, économiquement et militairement. Elle sécurise ses exportations pétrolières en approfondissant son partenariat de défense avec l'Iran. Ce dernier bénéficie du rayonnement de la puissance chinoise.

---

303 Jean-Loup Samaan, *op. cit.*
304 *Ibid.*

L'Iran et sa coopération avec l'Inde dans Ormuz

Des relations diplomatiques solides

La Chine n'est pas l'unique géant asiatique qui intéresse l'Iran depuis longtemps. En effet, l'Iran a également développé des relations avec l'Inde pour s'ouvrir vers l'Asie. Les deux pays partagent une histoire commune et une culture. L'Inde a été islamisée au XVIe siècle par des souverains de culture persane : les Moghols.[305] La langue persane est restée jusqu'au milieu du XXe siècle l'une des langues administratives de l'Empire des Indes. Cet héritage historique a permis un rapprochement entre les musulmans iraniens et indiens, bien que ces derniers soient sunnites. Les musulmans indiens sont en effet majoritairement sunnites, mais il y a également des chiites qui forment la deuxième communauté chiite dans le monde. Pour ces raisons, les deux pays se sont rapprochés très tôt, notamment face aux velléités pakistanaises au Cachemire. L'Inde est aujourd'hui le pays asiatique le plus proche de l'Iran culturellement et politiquement.

Leurs relations diplomatiques débutent en mars 1950. Elles ne deviennent réellement actives qu'au cours des années 1960-70.[306] Au cours de ces années, les hauts responsables des deux pays multiplient les visites réciproques. La commission indo-iranienne pour le commerce et la coopération économique et technique est créée à New Delhi en 1973. En 1979, le shah d'Iran se rend en Inde pour la première fois. Ces rencontres permettent le développement d'une culture commune de compréhension mutuelle notamment dans le domaine politique.

Dans les années 1980, les relations stagnent du fait de la prise de position iranienne sur la question du Cachemire. L'Inde reste ambigüe devant la guerre Iran-Irak, ne choisissant pas

---

[305] Bernard Hourcade, p. 291.

[306] Thierry Kellner, Mohammad-Reza Djalili, « L'Iran et les deux géants asiatiques », *op. cit.*

réellement de camp.[307] Malgré cela, les intérêts économiques des deux États perdurent et ils signent en 1983 un accord de commerce. Il faut cependant attendre les années 1990 pour que les relations connaissent un essor.

En septembre 1993, le Premier ministre indien Narasimha Rao se rend à Téhéran. Cette visite marque un tournant dans les relations bilatérales des deux puissances. L'Iran fait le choix de ne pas s'immiscer dans les affaires intérieures indiennes, notamment sur la question du Cachemire.[308] Face à ces assurances, l'Inde est plus encline à accepter une coopération. Ce premier déplacement donne suite à de nombreux autres en 1994 et 1995. En avril 1995, le président iranien Rafsanjani se rend en Inde avec pour objectif d'approfondir la coopération en matière de recherche et de développement nucléaire. En 1996, un conseil commun d'affaires politiques est créé et il se réunit pour la première fois en 1998. Lorsque Khatami est élu, le climat de coopération devient encore plus favorable. De nombreuses rencontres ont alors lieu dans les années qui suivent. La commission commune sur la coopération bilatérale établit plusieurs comités selon les domaines de coopération (agriculture, science, industrie, communication, transport, énergie, commerce…). Lorsque l'Inde fait des essais nucléaires en 1998, l'Iran se ferme à tout nouvel échange.

Des problématiques sécuritaires communes

Au début des années 2000, alors que l'URSS s'est effondrée et que les Américains renforcent leur présence dans le Golfe, l'Iran décide de rouvrir ses relations avec l'Inde afin de permettre de relancer le dialogue avec les pays européens et les États-Unis. Face au conflit afghan, la menace sécuritaire pour l'Inde est accrue. Les deux pays soutiennent alors une position similaire : ils prônent un règlement pacifique du conflit afghan. Au début de l'année 2000, des consultations régulières sont mises en place entre les ministres des Affaires étrangères des

---

307 Bernard Hourcade, *op. cit.*, p. 293.

308 Thierry Kellner, Mohammad-Reza Djalili, « L'Iran et les deux géants asiatiques », *op. cit.*

deux pays. Par la suite, l'Iran et l'Inde décident d'approfondir leurs relations dans un domaine autre que la diplomatie. En effet, le mois de mars 2001 marque la première rencontre des ministres de la Défense indien et iranien. C'est le début d'un dialogue axé sur les thématiques stratégiques et sécuritaires. Pour l'Iran, la coopération avec l'Inde est essentielle pour contrebalancer l'influence américaine dans le Golfe et s'affirmer sur le détroit d'Ormuz. En octobre 2001, le premier dialogue sur les questions stratégiques et la sécurité régionale a lieu. En 2003, les deux États évoquent l'idée de mettre en place une coopération dans le domaine de la défense.[309] Le chef de la Marine iranienne se rend en effet en Inde pour participer aux discussions portant sur cette coopération.[310] L'Inde s'engage alors à financer certains chantiers de réparation des navires de guerre dans le port iranien et Chabahar en mer d'Oman, à envoyer des techniciens spécialistes de l'armement et à fournir des armes à l'Iran. En retour, l'Iran autorise les militaires indiens à être déployés sur le sol iranien en cas de crise avec le Pakistan.[311] Au cours de cette même année qui marque le début du partenariat stratégique de l'Iran avec l'Inde, le président iranien réalise plusieurs déplacements en Inde et conclut huit documents bilatéraux portant sur la sécurité et les hydrocarbures.[312] Les armées iraniennes et indiennes réalisent leur premier exercice militaire conjoint.[313] En avril 2011, la Déclaration de Téhéran est signée. Elle marque une étape dans l'approfondissement de ce partenariat stratégique de défense. L'un des objectifs inscrits dans cette déclaration est de maintenir la sécurité et la paix dans les régions du Golfe et de l'océan Indien pour promouvoir l'essor du commerce.[314] L'Inde

---

[309] C. Raja Mohan, « India, Iran moving towards defense cooperation », Media Center, Ministry of External Affairs of India, 20 janvier 2003. http://www.mea.gov.in/articles-in-indian-media.htm?dtl/14723/India+Iran+moving+towards+ defence +coop eration

[310] *Ibid.*

[311] Thierry Kellner, Mohammad-Reza Djalili, « L'Iran et les deux géants asiatiques », *op. cit.*

[312] *Ibid.*

[313] Sanam Vakil, *op. cit.*

[314] *Ibid.*

installe un consulat à Bandar Abbas : il lui permet de surveiller le trafic dans le détroit d'Ormuz. Ainsi, le partenariat de sécurité entre l'Inde et l'Iran a un impact sur la politique iranienne dans le détroit d'Ormuz. L'Inde devient actrice de la défense iranienne dans le détroit, notamment en lui fournissant des techniciens et de l'armement. Elle participe de la stratégie iranienne de déni d'accès. Cependant, la coopération n'est pas uniquement centrée sur les questions de défense.

Une coopération économique en évolution

En effet, le partenariat économique qui lie l'Iran et l'Inde est également important pour comprendre à quel point l'Inde a un rôle à jouer dans la nouvelle politique iranienne dans le détroit. Le renforcement des liens économiques date du début de l'année 2001.[315] Pour l'Iran, il s'agit de dynamiser et de rentabiliser sa position géographique de carrefour en étant sur la route des marchandises vers l'Inde et l'Asie centrale. Cela contribue à réduire l'isolement iranien (notamment durant période de sanctions internationales).[316] L'Iran a créé une zone de libre-échange avec l'Afghanistan au port de Chabahar et l'Inde, par ses investissements, lui permet de développer les infrastructures portuaires afin de réduire le temps de trajet.[317]

---

[315] « Memorandum of understanding on cooperation in the field of energy between the Government of the Islamic Republic of Iran and the Government of the Republic of India », Ministry of External Affairs of India, 10 avril 2001. http://mea.gov.in/bilateral-documents.htm?dtl/7508/Memorandum+of+understanding+On+Cooperation+In+The+Field+of+Energy+Between+The+Government+Of+The+Islamic+Republic+Of+Iran+And+The+Government+Of+The+Republic+Of+India

[316] Mohammad-Reza Djalili, Thierry Kellner, "Au centre pétrolier du monde : le golfe Persique", *op. cit.*

[317] « President after signing of 12 Iran-India coop. documents: Boosting Iran-India ties beneficial to both nations, the region/Iran, India to establish comprehensive economic ties », Archives présidentielles de la République Islamique d'Iran, 23 mai 2016, consulté le 22 mars 2018. http://www.president.ir/en/93681

« President at the meeting of high-ranking delegations of Iran and India: Iran seeks comprehensive economic ties with India/We should use post-JCPOA opportunity for development of ties in all fields/Chabahar can be a north-

S'agissant des échanges énergétiques, l'Inde est elle aussi un gros importateur de pétrole et de GNL (Gaz naturel liquéfié) iraniens. En mai 2003, les deux pays signent un protocole d'accord sur la livraison de GNL et de pétrole à long terme.[318] En 2009, l'Iran exporte cinq milliards de tonnes de GNL par an pour vingt-cinq ans soit un montant estimé à vingt-deux milliards de dollars.[319] En outre, depuis les années 1990, l'idée de construire un gazoduc reliant l'Iran à l'Inde est soulevée. Au mois de mai 2000, l'Iran et l'Inde constituent un comité mixte pour le faire. Le gazoduc long de 2 700 kilomètres partirait du champ gazier iranien de South Pars en direction de l'Inde. Mais les deux pays ne s'entendent pas sur le prix et la quantité de gaz livré. C'est finalement en mai 2009 que l'accord initial sur le projet de gazoduc est signé.[320]

Enfin, il apparaît que l'Inde est le second allié de l'Iran en Asie. Elle lui permet de s'insérer économiquement dans une région plus large que le golfe Persique. De plus, grâce à l'Inde, l'Iran peut sécuriser le détroit d'Ormuz et bénéficier d'un nouvel allié en cas de tensions internationales. C'est par sa position stratégique que l'Iran gagne de l'importance. Cette position stratégique n'est pas utilisée ici comme un « fer de lance », mais comme un outil de coopération. Il faut cependant prendre en compte d'autres facteurs comme le fait par exemple que l'Inde et la Chine soient en compétition notamment dans la zone du Balouchistan. Cette compétition vient offrir de nouvelles perspectives à l'Iran par rapport à sa politique dans le détroit d'Ormuz.

---

centre-south transit hub, a centre for multilateral cooperation », Archives présidentielles de la République Islamique d'Iran, 23 mai 2016, consulté le 22 mars 2018. http://www.president.ir/en/93682

[318] *Ibid.*

[319] Thierry Kellner, Mohammad-Reza Djalili, « L'Iran et les deux géants asiatiques », *op. cit.*

[320] « Le gazoduc de la paix Iran-Pakistan-Inde », *Les Échos*, 26 mai 2009, consulté le 31 mai 2018. https://www.lesechos.fr/26/05/2009/LesEchos/20431-068-ECH_le-gazoduc-de-la-paix-iran-pakistan-inde.htm

Les nouvelles perspectives du Balouchistan par rapport au détroit d'Ormuz

Le Balouchistan, un carrefour à l'histoire complexe

Le Balouchistan est une région dont on entend peu parler dans la presse internationale. Pourtant, son importance n'est pas des moindres. Dès les années 1980, le Balouchistan devient un enjeu dans la guerre froide. Vaste région montagneuse, le Balouchistan est partagé entre l'Iran et le Pakistan. Ces chaines montagneuses ont longtemps rendu sa mise en valeur difficile à réaliser. Le mouvement national balouche est très puissant. Mais il diffère selon le pays de rattachement. En 1928, la zone du Balouchistan proche de l'Iran est rattachée à celui-ci par la force.[321] Alors que la Résistance s'organise au Pakistan face aux Britanniques, le Balouchistan iranien est soumis à la main de fer du shah. La Résistance monte un parti politique en 1933 et le Shah freine systématiquement son importance, notamment en limitant l'éducation des régions balouches à la ville de Zahedan, aujourd'hui chef-lieu du la province iranienne du Sistan-Balouchistan. De ce fait, la région connaît peu d'agitation. Mais lorsque le shah est démis de ses fonctions en 1979, la situation évolue et le nationalisme se réveille. Les Balouches iraniens rejettent la constitution iranienne. Khomeiny est donc obligé de rétablir la même politique menée par le shah.

Lorsque l'URSS occupe l'Afghanistan, la dimension stratégique du Balouchistan devient évidente aux puissances occidentales : si la province tombe aux mains des Soviétiques, ils pourraient alors contrôler le détroit d'Ormuz et le golfe d'Oman ce qui modifierait entièrement l'équilibre régional. La province iranienne occupe en effet une position de carrefour intéressante, allant du Moyen-Orient à l'Asie, ouvrant sur l'océan Indien, le golfe d'Oman et le détroit d'Ormuz. De plus, la zone est riche en ressources minières ce qui la rend d'autant

---

[321] Selig S. Harrison, « Un nouvel enjeu international : le Balouchistan », *Politique Étrangère*, n°4, 1980. http://www.persee.fr/doc/polit_0032-342x_1980_num_45_4_3006

plus attractive.[322] Cependant, depuis les années 2000, le nationalisme balouche semble s'être réveillé. En effet, la milice terroriste *Joundallah* cible depuis 2005 le personnel militaire iranien qui s'occupe de faire régner l'ordre dans la province : les Gardiens de la Révolution. Ils se battent pour les droits de la minorité balouche qui est sunnite.[323] Depuis 2005, ils commettent régulièrement des attentats contre les *Pasdaran*.[324] L'Iran doit donc freiner ces revendications nationalistes afin de pouvoir utiliser ce carrefour pour son développement économique.

Chabahar, ou la stratégie iranienne de rayonnement économique

Au cœur de la stratégie iranienne dans la province du Balouchistan se trouve le port de Chabahar. Nous l'avons vu, ce port a récemment reçu de forts investissements indiens pour son développement. La zone franche de Chabahar est créée en 1994 par le gouvernement iranien.[325] Elle accueille depuis lors l'un des plus grands projets gouvernementaux iraniens. L'objectif est de développer le sud de l'Iran pour en faire un nœud maritime commercial international. L'Inde a investi dans le projet afin de contrebalancer la puissance chinoise dans la

---

[322] Jean Calmard, « BÉLOUTCHISTAN ou BALOUTCHISTAN », *Encyclopædia Universalis* [en ligne], consulté le 5 juin 2018. http://www.universalis-edu.com/encyclopedie/beloutchistan-baloutchistan/

[323] Selig S. Harrison, *op. cit.*

[324] « Attentat suicide en Iran contre les Gardiens de la révolution », *L'Express*, 18 octobre 2009, consulté le 5 juin 2018. https://www.lexpress.fr/actualite/monde/proche-moyen-orient/attentat-suicide-en-iran-contre-les-gardiens-de-la-revolution_795322.html

Cécile Hennion, « Les djihadistes du Joundallah revendiquent l'attentat meurtrier de Chabahar en Iran », *Le Monde*, 16 décembre 2010, consulté le 5 juin 2018. https://abonnes.lemonde.fr/proche-orient/article/2010/12/16/les-djihadistes-du-joundallah-revendiquent-l-attentat-meurtrier-de-chabahar-en-iran _1454246_3218 .html?xtmc=chabahar&xtcr=19

[325] « Iran : la zone franche de Chabahar attend la fin des sanctions », *L'Expansion*, 4 juin 2015, consulté le 5 juin 2018. https://lexpansion.lexpress.fr/actualites /1/actualite-economique/iran-la-zone-franche-de-chabahar-de-l-iran-attend-la-fin-des-sanctions_1686210.html

région (notamment sur le port de Gwadar au Balouchistan pakistanais). Une fois entièrement développé sur ses 14 000 hectares, ce port permettra de dynamiser les échanges de l'Iran avec l'Asie centrale tandis que le premier port iranien de Bandar Abbas servirait pour les échanges avec l'Europe.[326] Ce dernier concentre 85% du transit maritime à destination et en provenance de l'Iran.[327] Toutefois, le port est limité à des navires ne pouvant excéder 100 000 tonnes. La majeure partie des navires doivent donc d'abord faire escale aux Émirats Arabes Unis pour transférer leurs marchandises sur des navires de taille réduite pour pouvoir aller à Bandar Abbas.[328] Développer Chabahar permet donc à l'Iran de ne plus dépendre des Émirats Arabes Unis pour ses échanges maritimes puisque les navires pourront désormais aller directement au port du Balouchistan. La zone franche de Chabahar permet de bénéficier d'une exemption de taxe professionnelle et de droits de douanes réduits. L'Iran souhaite ainsi attirer les investisseurs pour développer cette province et à terme jouir d'une meilleure intégration régionale.[329] De plus, en comparaison au Balouchistan pakistanais, la province iranienne bénéficie d'une situation sécuritaire plus calme malgré les quelques attentats terroristes. Fragilisé par les années d'embargo économique, l'Iran recherche les investissements étrangers qui lui permettraient de réaliser son ouverture économique. La création de projets de développement permettrait également à l'Iran de légitimer ses positions militaires pour sécuriser les transits et éradiquer les tensions internes.

---

[326] Lionel Baixas, *op. cit.*

[327] Nicolas Metral-Charvet, « Les enjeux du port de Chabahar », *Géolinks*, 18 janvier 2016, consulté le 5 juin 2018.http://www.geolinks.fr/geopolitique/les-enjeux-du-port-de-chabahar/

[328] *Ibid.*

[329] Nicolas Metral-Charvet, *op. cit.*

Intérêts stratégiques du Balouchistan iranien : que reste-t-il d'Ormuz ?

Face à ces nouvelles perspectives économiques qu'offre le territoire du Balouchistan en tant que carrefour commercial, de nouvelles réflexions peuvent être menées sur les aspects géostratégiques de cet espace. En effet, puisque l'Iran souhaite développer son espace sud pour désengorger Bandar Abbas et par extension le détroit d'Ormuz, on pourrait en déduire que l'Iran souhaite diminuer l'importance du détroit pour le commerce international du pays. Or cette déduction ne pourrait être plus fausse. Le développement du Balouchistan est pour l'Iran la solution à beaucoup de problèmes économiques, mais aussi géostratégiques. Il va permettre le rayonnement économique de la puissance, c'est un fait. Mais il va aussi rendre possibles deux actions. Tout d'abord, en développant un autre centre d'exportation commerciale et en investissant sur le Balouchistan pour en faire un pôle de commerce, l'Iran tend vers son insertion économique internationale. Faisant de la sorte, l'Iran atteint un second but : asseoir sa crédibilité en tant que potentielle menace. Étudions en effet le scénario suivant. Nous avons vu que dans le passé, l'Iran a utilisé le détroit d'Ormuz comme un outil de dissuasion (en plus d'être un poste de défense de sa stratégie militaire). Ainsi, il a plusieurs fois menacé de fermer le détroit depuis l'épisode de la guerre des tankers dans la guerre Iran-Irak. Alors, dans le cas où l'Iran se sentirait à nouveau menacé et souhaiterait faire usage de l'outil qu'est la menace de la fermeture du détroit d'Ormuz, celle-ci, grâce à l'importance nouvelle du Balouchistan, résonnerait encore plus fort. En effet, l'un des premiers contre-arguments à la fermeture du détroit par l'Iran est que cela le pénaliserait lui-même, l'Iran étant dépendant de ses exportations et donc de sa connexion au commerce international. Or, en développant Chabahar, l'Iran pourrait alors fermer réellement le détroit d'Ormuz sans en être diminué. De fait, sa crédibilité s'en trouve d'autant plus forte. Donc, par le biais d'un développement commercial, l'Iran sécurise sa capacité de menace dans un monde où il est toujours menacé de sanctions. Ensuite, le développement de cet espace permet à l'Iran d'en faire une nouvelle ligne de défense. Effectivement, l'objectif étant d'agir sur toute menace au loin du détroit avant que celle-ci n'arrive vers le golfe Persique, la zone de Chabahar contrôlée par les *Pasdaran*, permet de réaliser cet objectif. Le Balouchistan est donc un nouveau point d'appui intéressant dans la stratégie marine qui entoure le détroit d'Ormuz. Ainsi, loin de diminuer l'importance du détroit, le Balouchistan iranien offre une nouvelle perspective stratégique qui permet de le défendre au mieux tout en travaillant vers une meilleure insertion économique.

Pour conclure ce chapitre, il est important de comprendre que c'est grâce à sa position sur le détroit et à ses richesses (et donc à son potentiel économique) que l'Iran développe des relations avec la Chine et l'Inde. L'Iran est devenu un acteur dont elles ne peuvent se passer pour leurs importations pétrolières et leur puissance économique (notamment par rapport aux nouvelles routes commerciales qu'elles veulent développer sur le territoire iranien). Il bénéficie donc d'une nouvelle place dans le monde asiatique. En outre, grâce à ces nouveaux alliés économiques, mais aussi militaires, l'Iran gagne en puissance. Il possède plus d'importance stratégique. Grâce au développement du port de Chabahar, l'Iran gagne en termes de crédibilité de la menace sur Ormuz et s'affirme en tant qu'acteur d'un jeu régional élargi à l'Asie centrale et orientale.

* * *

La politique iranienne dans le détroit d'Ormuz est une politique de coopération régionale. L'Iran utilise le détroit comme un outil de coopération pour développer de nouveaux partenariats et bénéficier de l'aide de nouveaux alliés. La coopération qu'Ormuz lui permet de créer est à la fois diplomatique, militaire, économique et commerciale, voire également culturelle. Tout d'abord, l'Iran utilise le détroit comme vecteur de coopération dans les négociations pour le nucléaire. Certes, le détroit est brandi comme une arme, mais l'objectif premier, l'effet majeur comme diraient les militaires, est d'obtenir un règlement pacifique du conflit qui mène à un accord que l'Iran peut accepter. La position stratégique iranienne sur le détroit d'Ormuz lui permet également de développer d'excellentes relations diplomatiques et militaires avec le Sultanat d'Oman. La politique étrangère d'indépendance omanaise permet de pacifier les relations entre l'Iran, les pays du Golfe et les États-Unis. L'Iran bénéficie d'un allié de choix qui le protège. Avec son ouverture vers l'Asie, l'Iran a pu mettre en place des partenariats économiques et militaires avec la Chine et l'Inde. Ceux-ci rendent possible l'insertion commerciale iranienne dans une zone plus large que le golfe Persique. En outre, grâce à ses alliés, l'Iran peut réaliser un véritable verrouillage économique et politique du détroit d'Ormuz. En utilisant le détroit comme un outil de coopération, l'Iran crée de nouvelles perspectives régionales et internationales. Il dispose ainsi de nouveaux appuis régionaux qui viennent contrebalancer la puissance américaine dans le golfe Persique. Cette coopération de défense avec ces nouveaux alliés permet à l'Iran de défendre un espace stratégique plus large qui lui permet à la fois de s'insérer économiquement, de développer de nouveaux liens politiques, et enfin de défendre un espace stratégique étendu à l'océan indien. L'Iran accède ainsi à un nouveau niveau de puissance, tout cela grâce au détroit d'Ormuz et au fait qu'il sait manier cet outil pour la coopération comme pour l'offensive.

Conclusion

Ormuz ou Hormoz a longtemps inspiré des voyages d'aventuriers, souvent britanniques, de riches marchands venus des Indes, des récits, des peintures, mais aussi des conquêtes. Terre peu fertile, mais pourtant habitée, l'île d'Ormuz est un espace clé de la puissance iranienne. Elle donne accès au détroit d'Ormuz, qui prend son nom. Ce détroit concentre plus de 20% des flux pétroliers et plus de 30% des flux de marchandises mondiaux. Il fait l'objet d'une politique iranienne précise qui vise à l'utiliser pour en faire un levier de sa puissance et de son insertion régionale. Alors que l'Iran évolue, cette politique dans le détroit suit ces transformations depuis les années 1970.

Pour comprendre la teneur de l'importance du détroit pour l'Iran, il a fallu sortir des limitations temporelles que nous nous étions fixées (1970-nos jours). En effet, le détroit est au cœur des héritages et des ressources de la puissance iranienne. Cet héritage est lointain. Il remonte à la période de la Perse Antique où elle possédait cet « au loin »[330] c'est-à-dire les deux rives du golfe Persique et plus encore. La possession de cet espace gigantesque et la construction de la nation perse sont intrinsèquement liées. Ainsi, le détroit d'Ormuz était le cœur dynamique de la Perse, un espace de conquêtes territoriales. Le plateau iranien était alors un pivot central du monde ce qui conférait à la puissance perse une influence politique régionale importante. Cette période antique de la Perse marque beaucoup les Iraniens. Le dernier shah d'Iran célèbre d'ailleurs la grandeur perse lors des dernières fêtes de Persépolis organisées. Ainsi, au-delà de l'histoire, il existe tout un dispositif de mémoire, une construction nationale de la grandeur perse.

À partir du XIXe siècle, la Perse fait l'objet d'une lutte d'influence entre le Royaume-Uni et la Russie. En 1830, elle perd de nombreux territoires dont le Caucase. Les puissances

[330] Pierre Briant, *op. cit.*, p. 191.

étrangères entrent en compétition pour la possession de l'espace perse. Le détroit d'Ormuz est confisqué par le Royaume-Uni qui utilise le Golfe comme véritable moyen pour protéger son empire des Indes. Puis les deux puissances s'entendent et se partagent le territoire perse. L'Iran n'a alors pas le choix. De plus, les Britanniques héritent de la concession pétrolière en 1901 ce qui pose rapidement un problème à l'Iran, car le pétrole devient de plus en plus important. Lorsque la Première Guerre mondiale éclate, l'Iran ne parvient pas à faire respecter son choix de neutralité. Il est envahi par la Grande-Bretagne et la Russie. Au cours de la Seconde Guerre mondiale, l'Iran est également occupé par les puissances étrangères britanniques et russes. Ces invasions laissent des traces dans la mémoire iranienne. Elles créent une blessure mémorielle qui devient vectrice du nationalisme iranien.

Ce nationalisme iranien se réveille aussi avec la nationalisation de l'entreprise pétrolière. En effet, l'indépendance nationale devient un souci politique à partir des années 1920. Reza Shah, puis Mosaddeq initient ce mouvement vers l'indépendance. Ce nationalisme iranien nouveau utilise la nationalisation du pétrole comme un outil pour obtenir le départ des puissances étrangères du territoire iranien. Ainsi, l'industrie pétrolière iranienne est nationalisée dans les années 1950 et devient complètement indépendante dans les années 1990. Le détroit d'Ormuz tient un rôle particulier dans ce nationalisme. Il fait partie du golfe Persique, espace que l'Iran revendique comme sien. Cette revendication utilise une autre voie que celle de la nationalisation du pétrole : le vocabulaire. Lorsque la compagnie Air France décide de ne plus utiliser l'appellation « golfe Persique » sur ses cartes, l'Iran expose son « droit historique » sur cet espace qui doit par conséquent prendre le nom « persique ». Le détroit est donc l'espace de la politique nationaliste iranienne. Il fait partie du rayonnement culturel de l'Iran encore aujourd'hui.

Mais il est également un espace d'échange à la géographie compliquée. Véritable verrou maritime, il est la porte d'entrée sur le Golfe au cœur duquel se trouvent les plus grandes réserves pétrolières du monde. Ces caractéristiques uniques renforcent l'aspect purement stratégique du détroit. Grâce à sa position, il est une interface maritime pour les pays du Golfe, mais aussi et surtout pour l'Iran qui possède les quatrièmes réserves pétrolières mondiales.

Au-delà de ces caractéristiques, le détroit occupe une position stratégique pour l'Iran. Intégré dans un espace fortement belligène depuis la deuxième moitié du XXe siècle, il catalyse des tensions et des menaces. Face à ces menaces, l'Iran a fait du détroit d'Ormuz l'axe majeur de sa ligne de défense. Le détroit et plus largement le Golfe, sont des espaces fluides, dont les frontières ont été fixées par les Britanniques. En plus des conflits au Moyen-Orient, les pays du Golfe doivent faire face à un dilemme de sécurité dans la zone. En effet, la militarisation croissante du détroit entraine la recherche d'une sécurisation de leurs territoires par les pays de la péninsule arabique. Le Golfe devient donc une nouvelle ligne de confrontation. Dans ce cadre, l'espace stratégique du détroit donne lieu à des convoitises. L'Iran revendique en effet sa souveraineté sur trois îles : Abu Musa, La Grande Tomb et la Petite Tomb. La conquête de ce territoire est donc toujours en concours, le rendant encore plus mobile. Cette mobilité transparaît également dans le fait que de nombreux Iraniens résident sur la côte arabique du Golfe aujourd'hui.

Cependant, la plus grande confrontation autour du détroit n'a pas lieu avec l'un des pays du Golfe, mais avec une puissance plus lointaine très présente dans la zone : les États-Unis. En effet, ceux-ci représentent un défi sur Ormuz. À cause de leur présence dans le Golfe, ils représentent une ingérence étrangère que l'Iran ne peut plus tolérer du fait de cette frustration provoquée par les ingérences britannique, russe puis américaine dans les affaires iraniennes. Ormuz devient donc un vecteur d'indépendance pour l'Iran depuis les années 1970. Cette indépendance est réalisée par la confrontation dans la guerre Iran-Irak au cours de laquelle l'Iran se retrouve face aux États-Unis. Ormuz devient alors un véritable théâtre de guerre, point central dans la stratégie militaire iranienne. Lors de la guerre des tankers (1984-1986), l'Iran utilise le détroit d'Ormuz comme le fer de lance de sa stratégie. Les îles du détroit deviennent des points d'appui et de projection de l'armée iranienne en construction. Les États-Unis se font les garants de la liberté de circulation et de commerce dans le détroit, rôle qu'ils conservent encore aujourd'hui. Ils organisent depuis la guerre Iran-Irak une véritable surveillance d'Ormuz. Les bases militaires américaines et iraniennes se font donc face dans le golfe Persique. Les États-Unis développent également des relations commerciales et militaires avec les pays du Golfe au travers des *Foreign Military Sales* et des divers partenariats de Défense. Ils se créent un réseau d'alliance qui sert leurs intérêts dans la région. Faisant cela, ils participent à l'effort de militarisation des pays du Golfe et renforcent la dialectique sécuritaire entre ces pays et l'Iran autour du détroit.

L'Iran participe à cette militarisation depuis les années 1970. En effet, la puissance iranienne développe son outil naval afin de renforcer ses capacités de défense. La création d'une armée nouvelle participe de la création de la nouvelle nation iranienne. Au début des années 1970, l'Iran annonce étendre son espace stratégique à l'océan Indien. En 1978, il possède la marine la plus forte du Golfe. Le dernier Shah lance la création de la première force sous-marine et le développement de la base militaire de Bandar Abbas. Cette base devient un nœud central du dispositif de défense du détroit. Avec la naissance du nouveau régime iranien en 1979, un nouveau corps militaire est créé : les Gardiens de la Révolution ou *Pasdaran*. L'armée iranienne présente donc un modèle dual entre l'armée nationale et le corps des *Pasdaran*. Ces derniers participent du développement de la nouvelle doctrine de guerre iranienne à partir de la guerre contre l'Irak. En effet, l'Iran se prépare à affronter un conflit asymétrique, comme il l'a fait pendant la guerre contre l'Irak où il a combattu les forces américaines qui lui étaient bien supérieures en nombre et en technologie. La doctrine des *Pasdaran* est donc une doctrine défensive qui utilise plusieurs concepts comme la défense passive, la décentralisation, la déstabilisation et l'utilisation de la géographie comme un atout de défense. En 2007, l'Iran procède à une grande réorganisation de son armée. L'objectif est de diminuer l'antagonisme entre l'armée nationale ou *Artesh* et les *Pasdaran*. Depuis, l'Iran a développé un arsenal militaire compétent pour assurer la défense d'Ormuz. Il possède une réelle capacité de nuisance. La plus grande menace qu'il représente sur le détroit est celle de sa fermeture. En effet, il pourrait, dans le cadre d'un conflit, faire usage de sa force pour fermer le détroit ou encore le miner. Grâce au détroit, l'Iran acquiert donc un poids dans la région en tant que puissance militaire et diplomatique. Toutefois, la plus grande arme du pays reste la dissuasion. C'est lorsqu'il menace de fermer le détroit que l'Iran est le plus menaçant. Il faut donc s'intéresser plus à la manière dont la menace est utilisée qu'à la manière dont elle va être exécutée. Si l'Iran menace à nouveau de fermer le détroit dans un avenir proche, il faudra donc s'interroger sur ses buts finaux. Le détroit est donc devenu depuis les années 1970 un nœud commercial comme nous l'avons déjà précisé, mais surtout un nœud militaire et politique, vestige d'un ancien conflit, fer de lance de la puissance iranienne aujourd'hui.

Le détroit est donc utilisé par l'Iran comme un atout de puissance militaire, espace national vecteur d'indépendance. L'Iran utilise également le détroit d'une autre manière : comme un outil de coopération. En effet, cette coopération peut être politique, commerciale et militaire. Lors des négociations pour l'accord sur le nucléaire iranien, l'Iran utilise le détroit comme un objet de dissuasion afin d'atteindre un accord qui lui est plus intéressant. Il permet d'obtenir une pacification par rapport au nucléaire, même si celle-ci est aujourd'hui remise en question par les États-Unis de Donald Trump. Cette pacification est également assurée grâce au partenariat stable de l'Iran avec le Sultanat d'Oman. En effet, ce dernier, parce qu'il se situe sur l'autre rive du détroit, est rapidement devenu un partenaire dans la gestion du détroit, gardien de cet espace tout comme l'Iran. Cette relation entre l'Iran et Oman permet une entente amicale entre les deux pays. Ils s'entendent dès les années 1970 lorsqu'ils définissent leurs frontières communes et que l'Iran envoie des soldats aider le sultan à combattre la rébellion marxiste dans son pays. Depuis lors, les deux pays ont développé une relation stable et dense à la fois diplomatique et militaire. En effet, les deux armées ont un rôle important dans le Golfe et elles s'entraident. Le développement de partenariats militaires est toujours en cours actuellement. Leurs relations économiques sont elles aussi en train de se développer et de s'approfondir. Ils ont en lancé le projet de construction d'un gazoduc commun ce qui permettra à l'Iran d'écouler sa production de gaz naturel. Oman est également un atout pour l'Iran, car il lui permet de tempérer les relations de ce dernier avec les autres pays du golfe Persique membres du Conseil de Coopération du Golfe. Acteur qui maintient fermement son indépendance dans la région face aux autres puissances comme les États-Unis depuis les années 1970, le Sultanat d'Oman a été un grand facilitateur des négociations sur le nucléaire iranien. Son importance n'est donc pas à négliger pour l'Iran aujourd'hui. De plus, grâce au détroit, l'Iran a également développé des relations importantes avec des pays d'Asie : la Chine et l'Inde. Il a construit avec eux de véritables relations diplomatiques stables et a débuté la création de partenariats de défense avec la livraison de matériel de haute technologie militaire. Mais l'Iran a surtout pu développer de nouvelles relations économiques et commerciales avec ces deux puissances asiatiques qui lui permettent de réaliser une véritable insertion économique dans la région plus large de l'océan indien, rejoignant ainsi l'objectif du shah de 1972 : faire de l'océan indien l'espace stratégique de l'Iran. Le détroit permet donc à l'Iran d'accéder à des nouveaux espaces plus lointains. Ces nouveaux partenaires participent au développement d'un nouvel espace stratégique : le Balouchistan iranien. L'Iran a choisi de développer le port de Chabahar, grâce à l'aide de l'Inde. Ce port va devenir l'un des plus grands ports de la région et permettra à l'Iran d'orienter sa production vers l'Asie de manière plus simple que par Bandar Abbas. Ainsi, l'une des premières objections à ce que l'Iran ferme réellement le détroit était l'idée selon laquelle l'Iran est trop dépendant de ses exportations pour s'en priver. Or comme le détroit était jusqu'alors la porte de sortie de ces exportations, l'Iran ne pouvait se le permettre sauf en cas de guerre. Mais avec le développement de Chabahar, l'Iran pourrait tout à fait fermer le détroit sans voir ses exportations diminuer. Cela vient modifier l'équilibre sécuritaire du Golfe. Grâce à ses nouveaux alliés, l'Iran réalise un verrouillage du détroit. Ormuz est donc un formidable outil de coopération, levier de l'insertion iranienne dans la région de l'océan indien. Après ces réflexions, l'idée d'élaborer un croquis est apparue comme appropriée et nécessaire afin d'apporter un éclairage visuel sur notre objet d'étude et les problématiques que nous avons abordées. Voici donc une proposition de croquis.

Le détroit d'Ormuz, espace pivot de la puissance iranienne

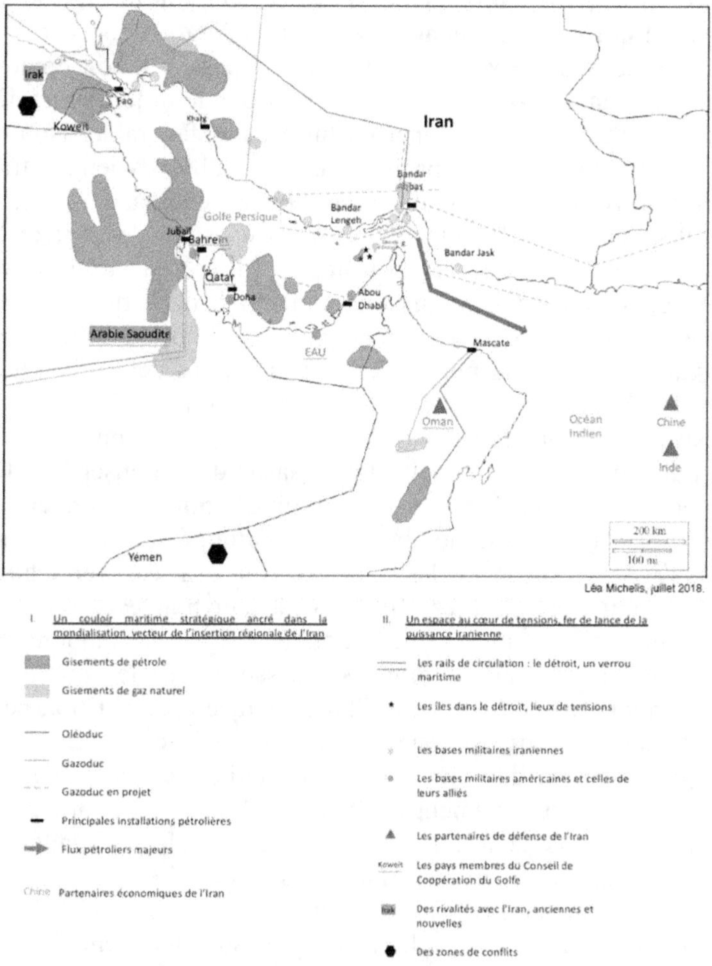

Le détroit d'Ormuz est donc un des enjeux principaux de la puissance iranienne. Il est au cœur du dispositif d'insertion économique de l'Iran dans le monde et lui permet de défendre son territoire. Ayant conscience de son caractère stratégique, l'Iran manie sa politique dans le détroit de manière intelligente. C'est justement cette modération que nous mentionnions et questionnions en introduction. La politique iranienne dans le détroit d'Ormuz depuis les années 1970 est une politique qui utilise le soft et le hard power de l'Iran. On pourrait même ici parler d'utilisation du smart power. La modération consiste à se tenir éloigné de l'excès. L'Iran n'utilise pas le détroit comme une arme fatale. Il ne brandit pas la menace de sa fermeture dès que le contexte international ne lui est pas favorable. Non, il utilise justement cette capacité de menace à bon escient. L'Iran fait preuve d'un pragmatisme politique redoutable quant à l'utilisation du détroit d'Ormuz. Ce sont les diverses possibilités qu'offre le détroit à l'Iran en termes de développement économique et commercial, de partenariats de défense, de relations diplomatiques qui font du détroit un véritable atout de la puissance iranienne. Sans cet outil, l'Iran n'aurait peut-être pas obtenu un accord sur le nucléaire aussi positif. Toutefois, le détroit d'Ormuz n'est pas le seul atout de la puissance iranienne et il faut le saisir dans l'ensemble des divers outils de la puissance. Le détroit d'Ormuz ne permet pas tout, mais il offre de nombreuses opportunités. Et l'Iran a su jusqu'ici les saisir et les utiliser. Grâce à ces ouvertures économiques et militaires, l'Iran accède à un nouveau niveau de puissance : un niveau opérationnel. Il peut aujourd'hui dialoguer avec d'autres grandes puissances sur les questions économiques, politiques et militaires. Grâce à cela, l'Iran peut développer son « grand jeu ». Celui-ci transparaît progressivement dans les nouvelles relations économiques de l'Iran avec, non seulement la Chine et l'Iran comme on a pu le voir, mais également avec le Japon, l'Indonésie, la Thaïlande. D'où l'importance de revendiquer sa propriété perse sur le détroit et le Golfe. En insistant sur les caractéristiques nationales du détroit, l'Iran affirme son indépendance et rappelle aux autres pays le grand rôle qu'il a pu jouer dans le golfe Persique. Faisant cela, on peut se demander s'il n'aspire pas à jouer un tel rôle à nouveau. Certes, il n'affiche aucune volonté de conquête territoriale (si ce n'est pour les îles dans le détroit), mais on peut envisager une autre sorte de conquête. En effet, dans notre monde où les modalités de guerre évoluent, il n'est pas inenvisageable que les modalités de conquête évoluent avec elles. Avec l'influence qu'il gagne dans le monde aujourd'hui, l'Iran peut conquérir de nouveaux espaces stratégiques. Par l'utilisation de son rayonnement économique, de ses partenariats militaires, de son influence diplomatique, l'Iran peut exister sur la scène internationale de manière bien plus puissante que s'il avait concrètement conquis des territoires. Ces nouvelles modalités de conquête sont aujourd'hui employées par les autres grandes puissances (américaines, russes, chinoises…). Dans ce nouveau grand jeu, l'Iran fait donc face aux États-Unis et leur offre un nouvel opposant avec qui ils ont tout intérêt à devenir partenaires. Ainsi, il serait intéressant d'étudier ce grand jeu iranien sur le long terme.

Toutefois, ce grand jeu semble déjà être en train de muter, confronté à l'évolution du contexte international. En effet, Donald Trump a annoncé que son pays sort de l'accord sur le nucléaire en mai 2018. Il a en effet refusé de prolonger le *waiver,* décret qui réitère la suspension des sanctions américaines contre l'Iran tous les quatre-vingt-dix jours. Cela signifie que les sanctions économiques contre l'Iran vont reprendre. Elles sont en effet prévues pour le 6 août 2018.[331] Cette décision a provoqué un mouvement de panique parmi les entreprises étrangères implantées en Iran. L'entreprise PSA se prépare par exemple à quitter le territoire iranien alors que les échanges avec l'Iran étaient plutôt fructueux depuis 2016.[332] Face à cela, les puissances européennes espèrent pouvoir protéger l'accord sur le nucléaire iranien. Le premier ministre israélien, Benyamin Nétanyahou s'est lancé dans une tournée européenne afin de convaincre l'Allemagne, la France et le Royaume-Uni de sortir de l'accord également.[333] Selon Israël, il

---

[331] « Le constructeur automobile PSA prépare son retrait d'Iran », *Le Monde*, 5 juin 2018, consulté le 19 juin 2018. https://abonnes.lemonde.fr/automobile/article/2018/06/05/le-constructeur-automobile-psa-prepare-son-retrait-d-iran_5309642_1654940.html

[332] *Ibid.*

[333] Blaise Gauquelin, « Nucléaire iranien : Nétanyahou à l'offensive en Europe », *Le Monde*, 4 juin 2018, consulté le 19 juin 2018.

faut empêcher à tout prix l'Iran d'obtenir l'arme nucléaire. Dans ce contexte, les éléments étudiés jusqu'ici sont importants et apportent un éclairage nouveau. Si des sanctions sont à nouveau imposées sur l'Iran, il est possible que cela se déroule différemment que dans le passé. Entre 2016 et 2018, l'Iran a pu bénéficier d'un contexte favorable et a créé de nouvelles alliances solides. Dans son espace régional, l'Iran est devenu plus fort. Mais aujourd'hui, avec la nouvelle politique américaine, le contexte a de nouveau évolué, marquant un nouvel essor des tensions. De fait, il est fort probable que le détroit d'Ormuz soit au cœur d'une nouvelle crise dans un futur proche.

---

https://abonnes.lemonde.fr/proche-orient/article/2018/06/04/nucleaire-iranien-netanyahou-a-l-offensive-en-europe_5309245_3218.html

Chronologie

1901	La concession de pétrole iranien est accordée à William Know d'Arcy
1909	Création de l'Anglo-Persian Oil Company
1921	Début de la dynastie des Pahlavi en Iran avec Reza Shah
1932	Création de la Marine impériale iranienne Annulation de la concession de pétrole iranien au Royaume-Uni Création de l'Anglo-Iranian Oil Company
1935	La Perse devient l'Iran
1941	Mohammad-Reza devient Shah d'Iran
1948	Opération BEDAMN des États-Unis contre Mosaddeq
1950	Ouverture des relations diplomatiques entre l'Iran et l'Inde
1951	Mosaddeq lance le début de la nationalisation de l'industrie pétrolière
1954	Succès de la nationalisation et mise en place d'un consortium pétrolier

1957	Accord de coopération entre les États-Unis et l'Iran pour le développement du Programme nucléaire civil iranien
1960	Création de l'Organisation des Pays Exportateurs de Pétrole
1962	Début de la Révolution Blanche
1968	L'Iran signe le Traité de Non-Prolifération
1970	Crise entre l'Iran et les Émirats sur les îles dans le détroit Le sultan Qabous arrive au pouvoir en Oman
1971	Le Royaume-Uni quitte la zone du golfe Persique Le Bahreïn, le Qatar et les Émirats Arabes Unies obtiennent leur indépendance Ouverture des relations diplomatiques de l'Iran avec la Chine
1972	Le périmètre de sécurité de l'Iran est étendu à l'océan Indien Le Centre de commandement de la Marine impériale est déplacé à Bandar Abbas Ouverture de l'ambassade iranienne à Pékin
1973	Le sultan Qabous rend visite au Shah d'Iran L'Iran envoie son aide militaire au sultan Qabous contre la rébellion marxiste Création d'une commission de coopération pour le commerce entre l'Iran et l'Inde
1974	Traité de délimitation des eaux territoriales entre l'Iran et Oman
1975	Début de l'affaire « appellation golfe Persique » entre l'Iran et Air France

1978	Premières manifestations contre le régime impérial
1979	Révolution islamique et instauration de la République Islamique d'Iran Création du Corps des Gardiens de la Révolution islamique ou *Pasdaran* Fin du consortium pétrolier sur l'industrie iranienne Première visite du Shah en Inde
1980-1988	Guerre Iran-Irak
1981	Création du Conseil de Coopération du Golfe
1982	Création de la Marine des Gardiens de la Révolution Le programme nucléaire est relancé
1983	Création du Commandement intégré régional de l'Armée américaine au Moyen-Orient Accord de commerce entre l'Iran et l'Inde
1984-1986	Guerre des Tankers dans la guerre Iran-Irak
1987	L'Iran met en place une zone de contrôle maritime dans le détroit d'Ormuz dans la guerre contre l'Irak L'Iran mine le détroit
1988	Opération américaine PRAYING MANTIS contre l'Iran
1989	Ali Khamenei devient guide suprême Hashemi Rafsanjani est élu président de la République

1995	Les États-Unis imposent un embargo commercial à l'Iran, soupçonné de vouloir acquérir l'arme nucléaire
1996	Début de la construction de la raffinerie de Bandar Abbas
1997	Mohamad Khatami est élu président de la République
2001	Rencontre des Ministres de la Défense iranien et indien
2002	George Bush désigne l'Iran, l'Irak et la Corée du Nord comme « l'axe du Mal » Accord de coopération économique entre la Chine et l'Iran
2003	Début de la crise du nucléaire iranien
2005	Mahmoud Ahmadinejad est élu président de la République L'Iran obtient le statut d'observateur à l'Organisation de Coopération de Shanghai
2006	Premières sanctions internationales contre l'Iran
2007	Réorganisation et modernisation majeure de l'armée iranienne
2009	Mahmoud Ahmadinejad est réélu président de la République Accord pour la construction d'un gazoduc reliant l'Iran à l'Inde
2010	Nouvelles sanctions internationales qui pénalisent les importations iraniennes de pétrole raffiné

2011	L'Iran menace de fermer le détroit d'Ormuz si d'autres sanctions sont mises en place La Marine iranienne teste divers missiles et réalise des manœuvres dans le détroit d'Ormuz Déclaration de Téhéran : promotion d'une coopération approfondie entre l'Iran et l'Inde
2012	Les Gardiens de la Révolution réalisent l'exercice NOBLE PROPHET dans le détroit
2013	Hassan Rouhani est élu président de la République Dialogue entre Hassan Rouhani et Barack Obama pour le nucléaire iranien
2014	Contrat de construction d'un gazoduc entre l'Iran et Oman
2015	Signature du Joint Comprehensive Plan of Action, accord sur le nucléaire iranien
2016	Signature d'un accord de coopération de défense entre l'Iran et la Chine
2017	Rencontre des Chefs d'État-Major des Armées iraniennes et omanaises pour la réalisation d'un partenariat géostratégique
2018	Donald Trump annonce la sortie des États-Unis de l'accord sur le nucléaire iranien

Sources

Archives

I - Archives présidentielles de la République Islamique d'Iran

« At the end of President Rouhani's official visit to India ; Tehran, New Delhi issue joint statement stressing development of inclusive ties », Archives présidentielles de la République Islamique d'Iran, 16 février 2018, consulté le 22 mars 2018.
http://www.president.ir/en/103070

« After a meeting with the oil minister : President highlights the prime importance of energy in today's world », Archives présidentielles de la République Islamique d'Iran, 17 février 2014, consulté le 20 mars 2018.
http://www.president.ir/en/75094

« At the presence of both Presidents; Iran, China sign 17 documents, MoUs », Archives présidentielles de la République Islamique d'Iran, 23 janvier 2016, consulté le 22 mars 2018. http://www.president.ir/en/91427

« At president's order ; Infrastructural, economic projects open in Sistan and Baluchistan », Archives présidentielles de la République Islamique d'Iran, 28 février 2017, consulté le 22 mars 2018. http://www.president.ir/en/98003

« Dr Rouhani talking to reporters at New Delhi airport : Deepening Iran-India ties in the interest of not only the two nations, but also regional stability, security/Bilateral, regional issues to be discussed », Archives présidentielles de la République Islamique d'Iran, 16 février 2018, consulté le 22 mars 2018. http://www.president.ir/en/102985

« Full text of Joint Statement on Comprehensive Strategic Partnership between I.R. Iran, P.R. China », Archives présidentielles de la République Islamique d'Iran, 23 janvier 2016, consulté le 22 mars 2018.
http://www.president.ir/en/91435

« Iran, Afghanistan and India heads of state during signing of Chabahar agreement : Message of Chabahar agreement; joint cooperation, belief, using regional opportunities for development », Archives présidentielles de la République Islamique d'Iran, 23 mai 2016, consulté le 22 mars 2018.
http://www.president.ir/en/93697

« President after signing of 12 Iran-India coop. documents: Boosting Iran-India ties beneficial to both nations, the region/Iran, India to establish comprehensive economic ties », Archives présidentielles de la République Islamique d'Iran, 23 mai 2016, consulté le 22 mars 2018.
http://www.president.ir/en/93681

« President at the meeting of high-ranking delegations of Iran and India: Iran seeks comprehensive economic ties with India/We should use post-JCPOA opportunity for development of ties in all fields/Chabahar can be a north-centre-south transit hub, a centre for multilateral cooperation », Archives présidentielles de la République Islamique d'Iran, 23 mai 2016,
consulté le 22 mars 2018. http://www.president.ir/en/93682

« President at the meeting of high-ranking delegations of Iran and Oman : Iran, Oman determined to cement ties/Tehran always welcomes deepening bilateral, regional ties with neighbours/Bolstering baking cooperation contributes to economic ties », Archives du Ministère des Affaires Étrangères de la République Islamique d'Iran, 15 février 2017, consulté le 22 mars 2018. http://www.president.ir/en/97768

« President in a meeting with Chinese Foreign Minister : Iran-China relations mus lead towards the establishment of comprehensive strategic cooperation », Archives présidentielles de la République Islamique d'Iran, 15 février 2015, consulté le 21 mars 2018. http://www.president.ir/en/84634

« President in a meeting with Chinese President's special envoy : Iran, China cooperation potentials far more than current level/Iran can be a trustable source for China's energy », Archives présidentielles de la République Islamique d'Iran, 6 août 2017, consulté le 22 mars 2018.
http://www.president.ir/en/100051

« President in a meeting with Indian FM: Chabahar a new chapter for regional coop./Strengthening Tehran-New Delhi ties beneficial to all/Iran a secure source for India's energy supply », Archives présidentielles de la République Islamique d'Iran, 17 avril 2016, consulté le 22 mars 2018.
http://www.president.ir/en/93052

« President in a meeting with new ambassador of Oman : Iran and Oman should develop security and stability in the region », Archives présidentielles de la République Islamique d'Iran, 8 février 2014, consulté le 20 mars 2018.
http://www.president.ir/en/74742

« President in a meeting with new Qatari ambassador : wise behavior of regional leaders can serve interest of nations », Archives présidentielles de la République Islamique d'Iran, 8 février 2014, consulté le 20 mars 2018.
http://www.president.ir/en/74741

« President in a meeting with Omani deputy Prime Minister: Mutual interests require strengthening of bilateral ties », Archives présidentielles de la République Islamique d'Iran, 12 mars 2014, consulté le 20 mars 2018. http://www.president.ir/en/75955

« President in a meeting with Omani foreign minister : Iran determined to cement ties with Oman in all fields/ Emphasis on the need for deepening banking ties/ Today, Iran and Oman have heavy responsibility for solving regional issues/Killing of Yemenis must be stopped », Archives présidentielles de la République Islamique d'Iran, 18 mars 2018, consulté le 22 mars 2018. http://www.president.ir/en/103462

« President in a meeting with Omani Parliament Speaker: Iran's resolve to develop ties with Oman firm/Oman's wise regional stance admirable », Archives du Ministère des Affaires Étrangères de la République Islamique d'Iran, 14 avril 2016, consulté le 22 mars 2018. http://www.president.ir/en/92940

« President in a meeting with the defence minister of China: Tehran welcomes deepening ties with Beijing, esp. in defence », Archives présidentielles de la République Islamique d'Iran, 15 novembre 2016, consulté le 22 mars 2018. http://www.president.ir/en/96364

« President in a meeting with UN Secretary General : world's biggest problem is powers hegemony », Archives présidentielles de la République Islamique d'Iran, 24 septembre 2014, consulté le 21 mars 2018. http://www.president.ir/en/81207

« President in a phone conversation with Sultan Qaboos : Iran is eager to consolidate trade and commerce ties with Oman », Archives du Ministère des Affaires Étrangères de la République Islamique d'Iran, 22 septembre 2015, consulté le 22 mars 2018. http://www.president.ir/en/89497

« President in Sistan and Baluchistan province », Archives présidentielles de la République Islamique d'Iran, 15 avril 2014, consulté le 20 mars 2018. http://www.president.ir/en/76630

« President inaugurates 12 phase of South Pars project », Archives présidentielles de la République Islamique d'Iran, 17 mars 2015, consulté le 21 mars 2018. http://www.president.ir/en/85449

« President officially welcomed by Sultan Qaboos », Archives présidentielles de la République Islamique d'Iran, 23 mars 2014, consulté le 20 mars 2018.
http://www.president.ir/en/75880

« President while receiving a written message of Indian Prime Minister: Iran- India's economy could be complementary to each other », Archives présidentielles de la République Islamique d'Iran, 6 mai 2015, consulté le 21 mars 2018.
http://www.president.ir/en/86835

II - Archives diplomatique de la Courneuve, Ministère des Affaires Étrangères de la France

« Bandar Abbas : montée de la puissance maritime iranienne », Raoul Delay, Ambassadeur de France en Iran à Louis de Guiringaud, Ministre des Affaires Étrangères de la France, 13 juin 1978, Série IN sous-série VI Dossier A. 5. 1., Direction Afrique du Nord et Levant, Sous-Direction du Levant, Archives Diplomatiques de la Courneuve, Ministère des Affaires Étrangères, 1973-1982.

« Délimitation du plateau continental entre le Sultanat d'Oman et l'Iran », Télégramme n°109/ANL, Marcel Laugel, chargé d'affaires de France en Oman à Jean Sauvagnargues, Ministre des Affaires Étrangères de la France, 8 juin 1975, Série IN sous-série III dossier C, Direction Afrique du Nord et du Levant, Sous-Direction du Levant, Archives Diplomatiques de la Courneuve, Ministère des Affaires Étrangères, 1973-1982.

« Développement de la puissance maritime iranienne », Raoul Delay, Ambassadeur de France en Iran à Louis de Guiringaud, Ministre des Affaires Étrangères de la France, 7 juin 1978, Série IN sous-série V Dossier A. 2. 3., Direction Afrique du Nord et Levant, Sous-Direction du Levant, Archives Diplomatiques de la Courneuve, Ministère des Affaires Étrangères, 1973-1982.

« Intervention iranienne dans le Sultanat d'Oman », Télégramme n°225/ANL, Robert de Souza Ambassadeur de France en Iran à Michel Jobert Ministre des Affaires Étrangères de la France, 13 février 2974, Série IN sous-série III dossier C, Direction Afrique du Nord et du Levant, Sous-Direction du Levant, Archives Diplomatiques de la Courneuve, Ministère des Affaires Étrangères, 1973-1982.

« Manœuvres navales iraniennes », Télégramme n° 1729, Robert de Souza, Ambassadeur de France en Iran à Jean Sauvagnargues, Ministre des Affaires Étrangères de la France, 14 novembre 1974, Série IN sous-série V Dossier A. 2. 3., Direction Afrique du Nord et Levant, Sous-Direction du Levant, Archives Diplomatiques de la Courneuve, Ministère des Affaires Étrangères, 1973-1982.

« Note pour Monsieur Cabouat », 9 mai 1975, Série IN sous-série VI Dossier B. 6. 1. Direction d'Afrique du Nord et du Moyen-Orient, Archives diplomatiques de la Courneuve, Ministère des Affaires Étrangères, 1973-1982.

Télégramme n° 134, Amiral Joire-Noulens, Chef d'État-Major de la Marine au Ministre de la Défense de la France, 27 novembre 1974, Série IN sous-série VI Dossier A. 2. 3., État-Major de la Marine Nationale, Archives Diplomatiques de la Courneuve, Ministère des Affaires Étrangères, 1973-1982.

« Opération iranienne à Oman », Télégramme n°131/ANL, Robert de Souza Ambassadeur de France en Iran à Jean Sauvagnargues Ministre des Affaires Étrangères de la France, 28 janvier 1975, Série IN sous-série III dossier C, Direction Afrique du Nord et du Levant, Sous-Direction du Levant, Archives Diplomatiques de la Courneuve, Ministère des Affaires Étrangères, 1973-1982.

Télégramme n° 761/62, 21 juin 1975, Série IN sous-série VI Dossier B. 6. 1. Direction d'Afrique du Nord et du Moyen-Orient, Archives diplomatiques de la Courneuve, Ministère des Affaires Étrangères, 1973-1982.

Télégramme n° 818/821, 27 juillet 1977, Série IN sous-série VI Dossier B. 6. 1. Direction d'Afrique du Nord et du Moyen-Orient, Archives diplomatiques de la Courneuve, Ministère des Affaires Étrangères, 1973-1982.

Télégramme n°368, 29 juillet 1977, Série IN sous-série VI Dossier B. 6. 1. Direction d'Afrique du Nord et du Moyen-Orient, Archives diplomatiques de la Courneuve, Ministère des Affaires Étrangères, 1973-1982.

« Visite du Chah d'Iran en Oman », Robert Oddos ambassadeur de France en Iran à Louis de Guiringaux Ministre des Affaires Étrangères de la France, 13 décembre 1977, Série IN sous-série III dossier C, Direction Afrique du Nord et du Levant, Sous-Direction du Levant, Archives Diplomatiques de la Courneuve, Ministère des Affaires Étrangères, 1973-1982.

« Visite en Iran du sultan Qaboos d'Oman », Télégramme N°385/387, Koweït, le 21 mars 1973, série IN sous série III dossier C politique étrangère, Direction d'Afrique du Nord et Moyen-Orient, Relations bilatérales avec l'étranger : Relations de l'Iran avec les pays d'Afrique du Nord, du Proche et Moyen-Orient, Archives Diplomatiques de la Courneuve, Ministère des Affaires Étrangères, 1973-1982.

III - Archives de la Maison Blanche des États-Unis

George W. Bush, Discours sur l'état de l'Union, 29 janvier 2002, Archives de la Maison Blanche. https://georgewbush-whitehouse.archives.gov/news/releases/2002/01/20020129-11.html

« Responding to escalation in the Iran-Iraq war », *National Security Decision Directive 141*, Archives en ligne de la Maison Blanche, 25 mai 1984,
https://catalog.archives.gov/id/6879739.

« U.S. policy toward the Iran-Iraq war », *National Security Decision Directive 114*, Archives en ligne de la Maison Blanche, 26 novembre 1983,
https://catalog.archives.gov/id/6879713

IV - Archives du Ministère des Affaires Étrangères d'Inde

« Memorandum of understanding on cooperation in the field of energy between the Government of the Islamic Republic of Iran and the Government of the Republic of India », Ministry of External Affairs of India, 10 avril 2001. http://mea.gov.in/bilateral-documents.htm?dtl/7508/Memorandum+of+understanding+On+Cooperation+In+The+Field+of+Energy+Between+The+Government+Of+The+Islamic+Republic+Of+Iran+And+The+Government+Of+The+Republic+Of+India

Discours des présidents iraniens

Discours du Président Mahmoud Ahmadinejad à l'Assemblée générale des Nations Unies, 23 septembre 2011, https://gadebate.un.org/sites/default/files/gastatements/66/IR_en.pdf.

Discours du Président Hassan Rouhani à l'Assemblée générale des Nations Unies, 20 septembre 2017.

Documents des Nations Unies

Convention de Montego Bay sur le droit de la Mer, Organisation des Nations Unies, mars 1982. http://www.un.org/depts/los/convention_agreements/texts/unclos/unclos_f.pdf

Résolution 598 du Conseil de sécurité, Cessez-le-feu dans la guerre Iran-Irak, 20 juillet 1987, documents des Nations Unies, https://undocs.org/fr/S/RES/598(1987).

Rapports

International Energy Outlook 2017, U.S. Energy Information Administration, 14 septembre 2017.
https://www.eia.gov/outlooks/ieo/pdf/0484(2017).pdf

Bibliographie

Ouvrages

Ervand Abrahamian, *Iran between two revolutions*, Princeton, Princeton University Press, 1982, 561 p.

Ervand Abrahamian, *A History of modern Iran*, Cambridge, Cambridge University Press, 2008, 228 p.

Amir Aslan Afshar, *Mémoires d'Iran - complots et trahisons*, Mareuil, Union Européenne, novembre 2015. 505 p.

Pierre Briant, *Histoire de l'Empire Perse – De Cyrus à Alexandre*, Paris, Fayard, 1996, 1247 p.

Roger Brunet, Robert Ferras, Hervé Théry, Les Mots de la Géographie – Dictionnaire critique, Montpellier-Paris, RECLUS – La Documentation Française, 1993.

James Callanan, *Covert Action in the Cold War: US Policy, Intelligence and CIA Operations*, New York, I.B. Tauris, 2009, 288 p.

Laurent Carroué, Aurélie Boissière, *Atlas de la mondialisation – une seule terre, des mondes*, Autrement, janvier 2018, 92 p.

Laurent Carroué, Didier Collet, Claude Ruiz, *La Mondialisation – Genèse, acteurs et enjeux*, 2ème édition, Bréal, 2009, 348 p.

Michael Connell, *Iran's military Doctrine*, Center for Naval Analysis, Washington D.C., 2011.

Anthony Cordesman, *Conventional armed forces in the Gulf : an overview*, Center for Strategic and International Studies, 23 juin 2008.

Anthony H. Cordesman, « Iran, oil, and the Strait of Hormuz », *Center for Strategic and International Studies*, 26 mars 2007.

Anthony Cordesman, Gold Bryan, Coughlin-Schulte Chloe, *Iran : sanctions, energy, arms control, and regime change*. Center for Strategic and International Studies, Washington, 2014.

Anthony H. Cordesman, Alexander Wilner, Michael Gibbs, Scott Modell, *US-Iranian competition : the gulf military balance - The Conventional and asymmetric dimensions*, Center for Strategic and International Studies, 10ème édition, 6 janvier 2013.

Guillemette Crouzet, *Genèses du Moyen-Orient : Le golfe persique à l'âge des impérialismes (vers 1800-vers 1914)*, Époques Champ Vallon, Champ Vallon, 2015.

Jean-Pierre Digard, Bernard Hourcade, Yann Richard, *L'Iran au XXe siècle, entre nationalisme, islam et mondialisation*, Paris, Fayart, 2007, 499 p.

Mohammad-Reza Djalili, Thierry Kellner, *Histoire de l'Iran contemporain*, La Découverte, Paris, 2010, nouvelle édition 2017, 128 p.

Mohammad-Reza Djalili, Thierry Kellner, *L'Iran en 100 questions*, Tallandier, Paris, 2016, 283 p.

Anoushiravan Ehteshami, *Dynamics of change in the Persian Gulf : political economy, war and revolution*, Routledge, Londres, 2013.

Michael Eisenstadt, *The Strategic culture of the Islamic Republic of Iran*, Middle East Studies, novembre 2015.

Patrice Gueniffey et Thierry Lentz, *La fin des Empires*, Éditions Perrin « Synthèses historiques », Paris, 2016, 450 p.

Fariborz Haghshenass, *Iran's asymetric naval warfare*, The Washington Institute for Near East Policy, septembre 2008.

Christopher Harmer, *Iranian naval and maritime strategy*, Middle East security report 12, Institute for the Study of War, juin 2013.

Simon Henderson, « Facing Iran's challenge : safeguarding oil export from the Persian Gulf », *The Washington Institute*, 7 juin 2006.

Bernard Hourcade, *Géopolitique de l'Iran : les défis d'une renaissance*, Malakoff, Armand Colin, 2016, 335 p.

Iranian naval forces : a tale of two navies, Office of Naval Intelligence, février 2017.

Iran's naval forces : from guerrilla warfare o a modern naval strategy, Office of Naval Intelligence, automne 2009.

Sabahat Khan, *Iranian mining of the strait of Hormuz – plausibility and key considerations*, Institute of Near East and Gulf Military Analysis, janvier 2010.

Mehran Kamrava, *International Politics of the Persian Gulf*, Syracuse University Press, New York, 2011.

Arthur Millspaugh, *Americans in Persia*, Washington, Brookings Institution, 1976, 293 p.

Farzin Nadimi, « Is Iran attempting to thwart U.S. naval surveillance of its missile tests ? », *The Washington Institute*, 9 mars 2017.

Ramin Parham, Michel Taubman, *Histoire secrète de la révolution iranienne*, Paris, L'Harmattan, 2006, 416 p.

Pierre Razoux, *La Guerre Iran-Irak, 1980-1988 : première guerre du Golfe*, Paris, Perrin, 2014, 616 p.

Yann Richard, *L'Iran de 1800 à nos jours*, Barcelone, Flammarion, 2016, 492 p.

The Artesh : Iran's marginalized regular military, Middle East Institute, novembre 2011.

Sanam Vakil, « Iran : balancing East against West », *The Washington Quaterly*, Center for Strategic and International Studies et Massachusetts Institute of Technology, 2006, pp. 51-65.

Maaike Warnaar, *Iranian foreign policy during Ahmadinejad - Ideology and actions*, Palsgrave Macmillan, New York, 2013.

Maaike Warnaar, Luciano Zaccara and Paul Aarts, *Iran's relations with the Arab states of the Gulf - common interests over historic rivalry*, Gerlach Press, Berlin, 2016.

Frederic Wehrey, Jerrold D. Green, Brian Nichiporuk, Alireza Nader, Lydia Hansell, Rasool Nafisi, S.R. Bohandy, *Rise of the Pasdaran – Assessing the domestic roles of Iran's Islamic Revolutionary Guards Corps*, RAND National Defense Research Institute, 2009.

Revues

Olivier Appert, « Les relations pétrolières et gazières après l'accord sur le nucléaire iranien », Confluences Méditerranée 2016/2 (N°97), pp. 131-141.

Claudia Astarita, Isabella Damiani, « Géopolitique de la nouvelle route de la soie », *Geoéconomie*, 2016/2, n°79, pp. 57-94.

Leila Benali, « L'Énergie en Iran risques et incertitudes », *Les Cahiers de l'Orient*, 2010/3 (N° 99), p. 103-112.

Philippe Boulanger, « L'Iran et le golfe Arabo-Persique », *Outre-Terre*, 2010/2 (n° 25-26), p. 403-412.

Jean Calmard, « bélouchistan ou balouchistan », *encyclopædia universalis* [en ligne].

Jean Calmard, « Ormuz ou Hormoz », *Encyclopaedia Universalis [en ligne]*.

Jean Calmard, « Safavides ou Séfévides ou Safawides », *Encyclopaedia Universalis [en ligne]*.

Didier Chaudet, « L'Iran peut-elle devenir une « superpuissance » énergétique ? », *Confluences Méditerranée*, 2014/4, n°91, pp. 13-32.

Guillemette Crouzet, « A Right to interfere : lutte contre la traite et création d'un espace régional de droit dans le golfe Arabo-Persique sous domination britannique (vers 1820-vers 1880) », *Histoire, économie & société*, 2014/2 (33e année), pp. 79-94.

Jean-François Daguzan, « L'Iran nucléaire : le moment de décision ? », *Les Cahiers de l'Orient*, 2010/3 (N°99), pp. 91-102.

« De la Perse à l'Iran, de Cyrus à Ahmadinejad », *Les Collections de l'Histoire*, n°42, janvier 2009.

Mohammad-Reza Djalili, Thierry Kellner, "Au centre pétrolier du monde : le golfe Persique", *Outre-Terre*, 2006/1 – n° 14, pp. 341-375.

Mohammad-Reza Djalili, « L'Iran d'Ahmadinejad : évolutions internes et politique étrangère », *Politique étrangère* 2007/1 (Printemps), pp. 27-38.

Mohammad-Reza Djalili, Thierry Kellner, « L'Iran et les deux géants asiatiques », *Outre-Terre*, 2006/3, n°16, pp. 73-105.

Mohammad-Reza Djalili, Thierry Kellner, « L'Iran face à la crise syrienne », *Diploweb*, 7 septembre 2014.

Antoine Frémont, « Les routes maritimes : nouvel enjeu des relations internationales », *Revue internationale et stratégique* 2008/1 (N°69), pp. 17-30.

Moises Garduño Garcia, « Le modèle pâsdârân-artesh : préoccupations internes et défis externes dans le cadre du printemps arabe », *Maghreb - Machrek* 2012/4 (N°214), pp. 71-84.

Selig S. Harrison, « Un nouvel enjeu international : le Balouchistan », *Politique Étrangère*, n°4, 1980.

« Iran vs. Arabie Saoudite : luttes d'influence dans le Golfe », *Diplomatie*, n°91, mars-avril 2018, 98 p.

Mahmoud Khadjenouri, « L'évolution des relations extérieures de l'Iran du début du XIXe siècle à la Deuxième Guerre mondiale », dans *Politique étrangère*, n°2 - 1976 – 41ème année. pp. 127-148.

Pascal Le Pautremat, « Les pays du Golfe arabe-persique depuis 2011 : persistance d'une géopolitique conflictuelle », *Diploweb*, 11 novembre 2017.

Suzanne Maloney, Guylaine Vivarat, « Téhéran/Washington : une relation immobile ? », *Politique étrangère* 2011/3 (Automne), pp. 573-585.

Michel Makinsky, « L'Iran un an après les présidentielles du 12 juin 2009 : une crise de régime … et plus ? », *Les Cahiers de l'Orient*, 2010/3 (N°99), pp. 23-72.

Amin Moghadam, « L'autre rive : les Iraniens aux Émirats arabes unis, entre visibilité et invisibilité », *Maghreb – Machrek*, 2009/3, n°201, p. 79-89.

Amin Moghadamn « Tensions diplomatiques irano-arabes et pérennité de la présence des iraniens à Dubaï », *Confluences Méditerranée*, 2016/2, n°97, pp. 63-77.

Alexandre Mouthon, « Géopolitique d'Oman : les choix d'une pétromonarchie discrète », *Diploweb*, 5 mars 2016.

Alain Nonjon, « Le détroit d'Ormuz, le verrou géopolitique de toutes les peurs », *Diploweb*, 2 mars 2011.

Victor Prévot, « Le pétrole iranien » dans *Annales de Géographie*, n°339, 1954, pp. 380-387.

Ali Rastbeen, « L'Iran et les enjeux géostratégiques au XXIe siècle », *Hérodote*, 2009/2 (n °133), pp. 180-197.

Mehdi Saboori, « Les Émirats arabes unis et les Iraniens », *Hérodote*, 2009/2, n°133, pp. 166-179.

Jean-Loup Samaan, « Les États-Unis dans le golfe Persique : la Realpolitik d'Obama en action ? », *Hérodote*, 2013/2, n°149, pp. 22-36.

Jean-loup Samaan, « Les rivalités navales dans le golfe : acteurs et ressources », *Hérodote* 2016/4, n° 163, pp. 149-165.

Ivan Sand, « Guerre-froide irano-saoudienne : quels satellites ? », *Diploweb*, 26 février 2014.

Caitlin Talmadge, « Closing time : assessing the Iranian threat to the Strait of Hormuz », *International Security*, Vol. 33, No. 1 (Summer 2008), pp. 82-117.

Organes de presse

Agence France Presse

BBC News

Bloomberg

CNN

Courrier International

Financial Tribune

Iran Daily

Le Figaro

Le Monde

Les Échos

Oman Daily Observer

Opex 360

Tehran Times

The New York Times

The Telegraph

The Washington Post

Index

E

F

G

H

I

K

M

N

O

P

Q

R

S

Table des matières

IRAN
AUX ÉDITIONS L'HARMATTAN

Dernières parutions

FABLES D'IRAN
Les humbles chats ?
Abbas Towfiq
Traduction du persan par Monireh Kianvach-Kechavarzi et Brigitte Simon-Hamidi
Cet ouvrage rassemble 53 fables d'Abbas Towfiq qui ont une dimension attrayante et plaisante pour les publics francophones. À travers ces fables d'animaux, le lecteur est amené à saisir la particularité culturelle, le mode de pensée et de communication des Iraniens et l'humour persan. Les caricatures illustrant certaines fables dégagent de manière amusante et fine leurs idées maîtresses.
(Coll. L'Iran en transition, 114 p., 12 euros)
ISBN : 978-2-343-16180-8, EAN EBOOK : 9782140105456

HASSANI
Le garçon qui disait toujours "Attends ?"
Bilingue français - persan
Nassereh MOSSADEGH
Illustrations de Brice Follet
"Il était une fois une grand-mère qu'on appelait Bibi Golriz. Elle vivait dans une ferme avec son petit-fils, Hassani. Chaque fois qu'elle lui demandait quelque chose, il lui répondait : "Attends ?"." Mais qu'arrivera-t-il donc à Hassani, le garçon qui dit toujours "Attends ?" ? Album illustré en couleur, à partir de 6 ans
(Coll. Contes des quatre vents, 24 p., 9,5 euros)
ISBN : 978-2-343-15006-2, EAN EBOOK : 9782140103902

L'HISTOIRE DES RELATIONS ENTRE L'IRAN ET LA FRANCE
Du Moyen Âge à nos jours
Safoura Tork Ladani
Préface de David Rigoulet-Roze
L'Iran et la France entretiennent une relation singulière au regard des relations que l'Iran entretient avec d'autres pays. Cette relation est caractérisée par une pluralité d'échanges culturels, politiques, économiques, voire militaires. Le tout sur fond d'événements qui les ont façonnés dans un certain nombre de moments difficiles, notamment lors de la révolution islamique de 1979, puis de la guerre Iran/Irak, enfin dans le cadre de la problématique du dossier nucléaire iranien. En s'inscrivant dans la profondeur de champ historique, l'auteure entend faire revivre cette relation en s'appuyant avec minutie sur des sources à la fois persanes et françaises.
(Coll. L'Iran en transition, 348 p., 30 euros)
ISBN : 978-2-343-15015-4, EAN EBOOK : 9782140096655

l'interprétation de textes iraniens singulièrement lapidaires. Vaches et taureaux, chez les peuples conducteurs de troupeaux, étaient au centre de l'imaginaire et de la métaphysique.

(Coll. Kubaba, 404 p., 39 euros)

ISBN : 978-2-343-14582-2, EAN EBOOK : 9782140091698

LE THÉÂTRE, L'IRAN ET L'OCCIDENT

Fahimeh Najmi

Cet ouvrage se propose d'étudier l'avènement du "théâtre" en Iran durant une période trouble où les Grandes Guerres, les coups d'Etat et les révolutions se succèdent, et où les agitations sociales, les ingérences étrangères, les répressions dictatoriales et la censure semblent anéantir tout espoir de fonder une quelconque organisation culturelle. Et pourtant, trois initiés : Mir Seyfeddin Kermanshahi, Abdolhossein Noushin et Shahin Sarkissian, formés en Occident, inspirés par le mouvement européen du Théâtre d'Art, parviendront au lancement d'un théâtre capable de méditer sur les interrogations fondamentales du peuple iranien, notamment la question de l'identité.

(Coll. Logiques sociales, 254 p., 26,5 euros)

ISBN : 978-2-343-13998-2, EAN EBOOK : 9782140087035

LA CHUTE DE MOSSADEGH

Les dessous du coup d'Etat en Iran (1953)

Ali Rahnema

Traduction de Sarah Rashidian

Cet essai met en lumière le renversement du Premier ministre Mohammad Mossadegh en 1953, perçu comme un danger pour les intérêts occidentaux en Iran suite à sa décision de nationaliser l'industrie pétrolière. D'abord désigné comme un "soulèvement populaire", ce renversement s'est avéré être un coup d'Etat orchestré notamment par les services secrets britanniques et américains. Croisant les sources occidentales et iraniennes, l'ouvrage nous plonge dans la période de quatre jours entre le premier coup d'Etat raté et la seconde tentative réussie, et présente les acteurs et leurs rôles avant, pendant et après ces événements.

(396 p., 39 euros)

ISBN : 978-2-343-14057-5, EAN EBOOK : 9782140084324

Structures éditoriales du groupe L'Harmattan

L'Harmattan Italie
Via degli Artisti, 15
10124 Torino
harmattan.italia@gmail.com

L'Harmattan Hongrie
Kossuth l. u. 14-16.
1053 Budapest
harmattan@harmattan.hu

L'Harmattan Sénégal
10 VDN en face Mermoz
BP 45034 Dakar-Fann
senharmattan@gmail.com

L'Harmattan Cameroun
TSINGA/FECAFOOT
BP 11486 Yaoundé
inkoukam@gmail.com

L'Harmattan Burkina Faso
Achille Somé – tengnule@hotmail.fr

L'Harmattan Guinée
Almamya, rue KA 028 OKB Agency
BP 3470 Conakry
harmattanguinee@yahoo.fr

L'Harmattan RDC
185, avenue Nyangwe
Commune de Lingwala – Kinshasa
matangilamusadila@yahoo.fr

L'Harmattan Congo
67, boulevard Denis-Sassou-N'Guesso
BP 2874 Brazzaville
harmattan.congo@yahoo.fr

L'Harmattan Mali
Sirakoro-Meguetana V31
Bamako
syllaka@yahoo.fr

L'Harmattan Togo
Djidjole – Lomé
Maison Amela
face EPP BATOME
ddamela@aol.com

L'Harmattan Côte d'Ivoire
Résidence Karl – Cité des Arts
Abidjan-Cocody
03 BP 1588 Abidjan
espace_harmattan.ci@hotmail.fr

L'Harmattan Algérie
22, rue Moulay-Mohamed
31000 Oran
info2@harmattan-algerie.com

L'Harmattan Maroc
5, rue Ferrane-Kouicha, Talaâ-Elkbira
Chrableyine, Fès-Médine
30000 Fès
harmattan.maroc@gmail.com

Nos librairies en France

Librairie internationale
16, rue des Écoles – 75005 Paris
librairie.internationale@harmattan.fr
01 40 46 79 11
www.librairieharmattan.com

Librairie l'Espace Harmattan
21 bis, rue des Écoles – 75005 Paris
librairie.espace@harmattan.fr
01 43 29 49 42

Lib. sciences humaines & histoire
21, rue des Écoles – 75005 Paris
librairie.sh@harmattan.fr
01 46 34 13 71
www.librairieharmattansh.com

Lib. Méditerranée & Moyen-Orient
7, rue des Carmes – 75005 Paris
librairie.mediterranee@harmattan.fr
01 43 29 71 15

Librairie Le Lucernaire
53, rue Notre-Dame-des-Champs – 75006 Paris
librairie@lucernaire.fr
01 42 22 67 13

www.ingramcontent.com/pod-product-compliance
Lightning Source LLC
LaVergne TN
LVHW010925061026
849535LV00007B/2232
* 9 7 8 2 3 4 3 1 6 8 0 5 0 *